Bernhard Sauer

In Heydrichs Auftrag: Kurt Gildisch und der Mord an Erich Klausener während des „Röhm-Putsches“

BERNHARD SAUER

In Heydrichs Auftrag: Kurt Gildisch und der Mord an Erich Klausener während des „Röhm-Putsches"

METROPOL

Umschlagabbildung:
Kurt Gildisch bei seinem Prozess in Berlin am 21. Mai 1951 (Ausschnitt).
Er war des Mordes an Erich Klausener im Juni 1934 angeklagt.
picture alliance/AP images

ISBN: 978-3-86331-373-9
ISBN: 978-3-86331-806-2 (E-Book)

Ansbacher Str. 70
D–10777 Berlin
www.metropol-verlag.de

Druck: Arta Druck, Berlin

Inhalt

I. Einleitung

Der „Röhm-Putsch" war für die Entwicklung des „Dritten Reichs" von zentraler Bedeutung.[1] Dennoch gehört er zu den Bereichen des Nationalsozialismus, die am wenigsten erforscht sind. Das liegt daran, dass die NS-Machthaber nach Beendigung der Aktion begannen, systematisch alle Spuren zu verwischen. Ein Großteil der Akten wurde verbrannt. Mit einer Ausnahme, dem Prozess gegen die am Mord von Kuno Kamphausen Beteiligten, gab es im „Dritten Reich" keine Verfahren gegen die Täter.

1951 und 1953 fanden Prozesse gegen den ehemaligen SS-Hauptsturmführer Kurt Gildisch im Zusammenhang mit dem „Röhm-Putsch" statt. Es waren die ersten Prozesse nach 1945 gegen einen an den Mordtaten Beteiligten. Die Verhandlungen sind in acht Bänden dokumentiert. Sie sind eine bedeutende Quelle, die weitere Aufschlüsse zu den Abläufen der Ereignisse erlaubt. Die Gildisch-Prozesse sind bislang von der historischen Forschung noch nicht im Einzelnen bearbeitet worden, lediglich die Urteile wurden in kurzen Auszügen veröffentlicht. Sie waren aber von grundsätzlicher Bedeutung für spätere Prozesse gegen NS-Täter, weil in ihnen Grundelemente formuliert sind, wie Verbrechen der Zeit des Nationalsozialismus geahndet werden können.

1 Als „Röhm-Putsch" bezeichneten die Nationalsozialisten den angeblichen Versuch der SA unter Ernst Röhm, die Macht im Staat an sich zu reißen. In der Geschichtswissenschaft hat sich der Begriff, der die Ereignisse inklusive der Morde an führenden Mitgliedern der SA Ende Juni/Anfang Juli 1934 zusammenfasst, gehalten, auch wenn die Bezeichnungen „Röhm-Affäre" oder „Juni-Morde" zunehmend Anwendung finden.

Eine Rechtsunsicherheit in der Vorgehensweise zeigte sich noch im ersten Verfahren aus dem Jahr 1951. Gildisch wurde zuerst nach dem Alliierten Kontrollratsgesetz Nr. 10 wegen Verbrechen gegen die Menschlichkeit angeklagt, was nach Ansicht des Bundesgerichtshofes unzulässig war. Im zweiten Verfahren wurde er dann nach bundesrepublikanischem Recht wegen Mordes angeklagt. Beide Urteile sind rechtshistorisch bedeutsame Quellen und für Historiker wie für Juristen gleichermaßen interessant; sie werden deshalb im Anhang zusammen mit der Revisionsbegründung der Verteidigung dokumentiert.

Auch zu Kurt Gildisch gibt es bislang keine biografische Darstellung. In den Akten finden sich aber zahlreiche Hinweise und Informationen zu seiner Person, sodass mithilfe dieser Unterlagen ein umfassendes Bild dieses SS-Mannes entworfen werden kann.

II. Der „Röhm-Putsch" – eine Zäsur

Die Niederschlagung des „Röhm-Putsches" war eine innenpolitische Aktion, die den terroristischen Charakter des „Dritten Reichs" offen zutage treten ließ. Der Hauptstoß richtete sich gegen die SA-Führung. Ihr wurde unterstellt, einen gegen Adolf Hitler gerichteten Putsch geplant zu haben. Die Exekution zahlreicher SA-Führer wurde als präventive Maßnahme, als notwendige Handlung zum Schutze des Staates dargestellt. Hitler habe in „Staatsnotwehr" gehandelt. In einem eigens erlassenen „Gesetz über Maßnahmen der Staatsnotwehr" vom 3. Juli 1934 wurden die Exekutionen als „rechtens" erklärt. Die SA wurde gleichgeschaltet, sie spielte politisch und militärisch keine Rolle mehr. Ihr Niedergang war zugleich die Voraussetzung für den Aufstieg der SS. Im Hinblick auf die „großen Verdienste" der SS im Zusammenhang mit den Ereignissen des 30. Juni 1934 – des „Röhm-Putsches" – hob Hitler das Unterstellungsverhältnis unter die SA auf und machte die SS zur selbstständigen Organisation im Rahmen der NSDAP. Der 30. Juni 1934 war der wichtigste Schritt auf dem Wege Deutschlands zum „SS-Staat" (Eugen Kogon).

Die Aktion gegen die SA wurde detailliert vorbereitet. Um den 25. Juni 1934 wurden die SS- und SD-Führer in Alarmbereitschaft versetzt und nach Berlin berufen. Dort erklärten ihnen Heinrich Himmler und Reinhard Heydrich, dass eine Revolte der SA unmittelbar bevorstehe. Auch die Reichswehr wurde über den Putschplan informiert und veranlasst, für die SS-Einheiten Waffen, Transportraum und Unterbringungsmöglichkeiten zur Verfügung zu stellen. Am 27. Juni 1934 erschien der Kommandeur der „Leibstandarte SS Adolf Hitler", Gruppenführer Sepp

Dietrich, im Reichswehrministerium und erbat sich von dem zuständigen Stabsoffizier zusätzliche Waffen und Munition für einen geheimen und sehr wichtigen Auftrag des „Führers“. Mit seinem SS-Sonderkommando fuhr Dietrich in der Nacht vom 29. zum 30. Juni nach Bayern, wo er Hitler zur Verhaftung der Führungsspitze der SA nach Bad Wiessee begleiten sollte. An diesem Tag begab sich Hitler in Begleitung von Hermann Göring und Viktor Lutze nach Essen, um an der Hochzeit von Gauleiter Josef Terboven teilzunehmen. Von Essen aus befahl Hitler Ernst Röhm, dafür zu sorgen, dass sich alle SA-Führer am späten Vormittag des 30. Juni zu einer Besprechung mit Hitler in Röhms Urlaubsort Bad Wiessee einfanden.

In Essen wurden auch die Einzelheiten für den Schlag gegen die SA besprochen. Göring kehrte nach Berlin zurück, um von dort aus die bevorstehende Aktion zu leiten. Hitler flog noch in der Nacht zusammen mit Lutze und Joseph Goebbels nach München. Gegen vier Uhr morgens traf er dort ein. Da das SS-Sonderkommando unter Sepp Dietrich sich verspätet hatte, fuhr Hitler allein in Begleitung von Goebbels und Lutze sowie ausgesuchten SS-Männern nach Bad Wiessee. Dort herrschte noch völlige Ruhe. Die zur Besprechung eingetroffenen SA-Führer hatten am Vorabend ausgiebig gezecht und schliefen ihren Rausch aus.

Hitler ließ es sich nicht nehmen, eine Peitsche in der Hand haltend, Röhm höchstpersönlich die Verhaftung mitzuteilen. Der Breslauer Polizeipräsident Edmund Heines wurde im Bett mit einem homosexuellen Freund vorgefunden.[2] Die SA-Führungsriege wurde ins Gefängnis in München-Stadelheim geschafft. Auf Befehl Hitlers wurden die SA-Führer Wilhelm Schmid, August Schneidhuber, Hans Hayn, Peter von Heydebreck, Hans Erwin von Spreti-Weilbach und Edmund Heines von einem Kommando unter Sepp Dietrich in Stadelheim erschossen. Bei

2 Zum Stellenwert und zur Einschätzung der Homosexualität in der SA-Führerriege vgl. Sven Reichardt, Faschistische Kampfbünde. Gewalt und Gemeinschaft im italienischen Squadrismus und in der deutschen SA. 2. Aufl., Köln/Weimar/Wien 2009, S. 679 ff.

Röhm zögerte Hitler zunächst noch.[3] Am Sonntag, dem 1. Juli 1934, erhielt der Kommandant des Konzentrationslagers Dachau, Theodor Eicke, von Hitler den Befehl, Röhm Gelegenheit zum Selbstmord zu geben. Falls er sich weigere, solle er erschossen werden. Eicke beauftragte Michael Lippert, an der Ausführung dieses Befehls teilzunehmen.

Röhm kam der durch den Gefängnisverwalter überbrachten Aufforderung, innerhalb von 10 Minuten Selbstmord zu begehen, nicht nach. Daraufhin betraten Eicke und Lippert seine Zelle und gaben auf ihn fast gleichzeitig zwei Pistolenschüsse ab. Lippert feuerte wahrscheinlich noch einen dritten, den „Gnadenschuß" auf Röhm ab.[4]

Auf das Stichwort „Kolibri" hin, das Goebbels an Göring übermittelt hatte, brachen in Berlin die SS-Kommandos auf. Zahlreiche SA-Führer wurden aufgegriffen und in der Lichterfelder Kadettenanstalt, der Kaserne der SS-Leibstandarte Adolf Hitler, reihenweise erschossen. Zu ihnen gehörte auch der Berliner SA-Gruppenführer Karl Ernst, der von dem SS-Hauptsturmführer Kurt Gildisch aus Bremen in die Kadettenanstalt überführt und in seiner Gegenwart erschossen wurde.

Die SA, die schon in der Machtergreifungsphase eine entscheidende Rolle gespielt hatte, entwickelte sich nach 1933 zu einer bedeutenden Massenorganisation. Mitte 1934 war ihre Mitgliederzahl von etwa 500 000 zum Zeitpunkt der Regierungsübernahme auf viereinhalb Millionen angewachsen – die zahlenmäßige Stärke der SA überstieg damit die der NSDAP.[5] Die Zusammensetzung war zwar durch die Eingliederung nationaler Wehrverbände, vor allem des „Stahl-

3 Zu den Gründen für das Zögern siehe Otto Gritschneder, „Der Führer hat Sie zum Tode verurteilt." Hitlers „Röhm-Putsch"-Morde vor Gericht, München 1993, S. 30 ff.

4 So die Anklageschrift im Prozess gegen Sepp Dietrich und Michael Lippert, in: ebenda, S. 32. Das Gericht konnte nicht einwandfrei klären, ob Lippert den dritten Schuss abgegeben hat, hielt es aber für sehr wahrscheinlich. Vgl. ebenda, S. 36.

5 Vgl. Peter Longerich, Die braunen Bataillone. Geschichte der SA, München 1989, S. 184.

helm, Bund der Frontsoldaten", alles andere als homogen. Zudem gab es innerhalb der SA zahlreiche Reibereien und Unmutsbekundungen insbesondere der „alten Kämpfer" über die eigene miserable wirtschaftliche Lage. Dennoch verfügte Röhm mit dieser Massenorganisation im Rücken über einen bedeutenden innenpolitischen Machtfaktor, auf den gestützt er weitreichende politische Ziele verfolgte. Im militärischen Bereich beanspruchte Röhm für sich und seine Organisation immer nachdrücklicher die Führungsrolle.

Dieser Machtanspruch wurde mit der Forderung nach einer „zweiten Revolution" verbunden, die vor allem auch die wirtschaftliche Lage der vielen SA-Mitglieder verbessern sollte. Das Ziel der nationalsozialistischen Revolution sei noch nicht erreicht. Die SA bezeichnete Röhm als „Willensträger der nationalsozialistischen Revolution".[6] Mit diesen Forderungen unterstrich Röhm seine machtpolitischen Ambitionen, die vor allem darauf abzielten, aus der SA eine bewaffnete Miliz zu machen, in der die Reichswehr lediglich eine Ausbildungsorganisation innerhalb des SA-Volksheeres sein sollte. Am 1. Februar übersandte Röhm dem Reichswehrminister Werner von Blomberg eine Denkschrift, in der er in offizieller Form seine Ansicht über die zukünftige Rolle der Reichswehr darlegte, die er auf die Funktion eines reinen Ausbildungsheeres beschränkt sehen wollte.[7] Die Reichswehrführung war auf das Äußerste alarmiert und forderte, Hitler müsse sich nun entscheiden.

Am 28. Februar 1934 erklärte Hitler daraufhin vor den Spitzen von SA und Wehrmacht, eine Miliz im Sinne Röhms sei für seine Pläne ungeeignet, es komme nur eine Wehrmacht mit allgemeiner Wehrpflicht infrage. Für seine Kriegspläne brauchte Hitler die Unterstützung der Wirtschaft und der Reichswehr. Zugleich warnte er Röhm, ihm in der gegenwärtigen schwierigen Situation in den Rücken zu fallen. Hitlers Ablehnung seiner Pläne war eine bittere Enttäuschung für Röhm, doch wollte er sich nie wirklich mit der Entscheidung abfinden. Wiederholt

6 Vgl. ebenda, S. 202.

7 Vgl. ebenda, S. 204.

erneuerte er seine Forderung nach Fortsetzung der nationalsozialistischen Revolution und betonte das Primat des Soldaten in der Politik.

Die Ansichten Röhms zur Wehrverfassung waren aber nicht der einzige Konfliktpunkt, der zum Dauerstreit mit dem Koalitionspartner und den Führungskräften in Militär und Verwaltung führte. SA-Führer haben sich nach der „Machtergreifung" zahlreiche Eigenmächtigkeiten erlaubt. So wurden neben der staatlichen Gegnerbekämpfung unter der Regie von Wolf-Heinrich Graf von Helldorff, Karl Ernst, Edmund Heines und Peter von Heydebreck in zahlreichen SA-Gebäuden und anderen Stätten eigene Konzentrationslagern eingerichtet, in die wahllos politische Gegner „aus der Kampfzeit", aber oft auch nur Bürger, mit denen die SA „alte Rechnungen" mehr oder minder privater Natur begleichen wollte, verschleppt wurden. Allein für Berlin wird eine Zahl von etwa 170 solcher Folterstätten der SA angenommen.[8] Schätzungen gehen von einer Gesamtzahl von über 100 000 Inhaftierten aus. Die Barbarei in diesen Folterstätten, von den staatlichen Instanzen anfangs geduldet und z. T. auch gefördert, nahm derartige Ausmaße an, dass wiederholt Polizei eingreifen musste.[9] Durch die Schreie der Gefolterten gestört, hatten Anwohner häufig die Polizei alarmiert, und auch das Ausland nahm Notiz von diesen Orten der Grausamkeit, sodass das Regime schließlich genötigt war, gegen sie vorzugehen.

Auch sonst war das zum Teil rowdyhafte Auftreten von SA-Männern ein öffentliches Ärgernis. „Wenn sich Ernst und seine SA-Führer", so schilderte der vormalige Inspekteur des Geheimen Staatspolizeiamtes in Preußen (Gestapa), Rudolf Diels, die Situation, „die Abende

8 Vgl. Irene Mayer-von Götz, Terror im Zentrum der Macht. Die frühen Konzentrationslager in Berlin 1933/34–1936, Berlin 2008, S. 56 u. 241 f.

9 Vgl. Bernhard Sauer, Goebbels' „Rabauken". Zur Geschichte der SA in Berlin-Brandenburg, in: Berlin in Geschichte und Gegenwart. 25. Jahrbuch des Landesarchivs Berlin 2006, S. 139 ff.; Detlef Schmiechen-Ackermann, Nationalsozialismus und Arbeitermilieus. Der nationalsozialistische Angriff auf die proletarischen Wohnquartiere und die Reaktionen in den sozialistischen Vereinen, Bonn 1998, S. 174 ff.

inoffiziell vertrieben, so wurden die Trinkereien in den Bars und Dielen der Nürnberger- und der Kantstraße und des Kurfürstendamms mit Schießereien beendet".[10] Solch ein Zwischenfall ereignete sich am 28. Februar 1934, als Ernst mit drei Adjutanten zwischen 3 und 4 Uhr morgens in einem Lokal in der großen Passage Friedrichstraße/Unter den Linden einen Gast krankenhausreif verprügelten. Später stellte sich heraus, dass der zum Krüppel geschlagene ein Parteigenosse war.[11] Solche Übergriffe waren keine Seltenheit, sie trugen dazu bei, dass insbesondere in den bürgerlich-konservativen Schichten der Bevölkerung die SA auf Ablehnung stieß.[12]

In den konservativen politischen Kreisen machte sich aber auch die Hoffnung breit, die Konflikte mit der SA nutzen zu können, um die eigenen Position gegenüber den Nationalsozialisten in der Regierungskoalition zu stärken und unter Umständen sogar nach dem Ableben des 86-jährigen Paul von Hindenburg die Monarchie wieder einzuführen.[13] Sie setzten ihre Hoffnungen vor allem auf den Vizekanzler Franz von Papen. Dieser hielt am 17. Juni in der Universität Marburg eine viel beachtete Rede, die im Wesentlichen sein politischer Berater und Redenschreiber Edgar Julius Jung unter Mitwirkung von Papens Pressechef Herbert von Bose verfasst hatte. In dieser Rede wandte sich der Vizekanzler mit Nachdruck gegen die Bestrebungen der SA. Die Zeit der Emanzipation des jeweils niedrigsten Standes gegen die höheren Stände sei vorüber, betonte er. Kein Volk könne sich den ewigen Aufstand von unten leisten. Einmal müsse die Bewegung zu Ende

10 Rudolf Diels, Lucifer ante portas. Es spricht der erste Chef der Gestapo, Stuttgart 1950, S. 276 f.

11 Vgl. Brief von Hedwig Horn an das Parteigericht München vom 5. 3. 1934, Bundesarchiv (BArch) BDC/OPG, Karl Ernst, 1. 9. 1904, BArch R 9361 I/17931.

12 Longerich, Die braunen Bataillone, S. 177, nennt zahlreiche weitere Übergriffe von SA-Leuten, ebenso Martin Schuster, Die SA in der nationalsozialistischen „Machtergreifung" in Berlin und Brandenburg 1926–1934. Phil. Diss., TU Berlin 2005, S. 230 ff.

13 Vgl. Peter Longerich, Heinrich Himmler. Biographie, München 2008, S. 181.

kommen. Mit dem Gerede von einer „zweiten Revolution“ müsse Schluss sein. „Deutschland“, so betonte er, „darf nicht ein Zug ins Blaue werden, von dem niemand weiß, wann er zum Halten kommt“. Wenn eine „zweite Welle neuen Lebens durch die deutsche Revolution gehen sollte, so nicht die soziale Revolution, sondern [die] schöpferische Vollendung des begonnenen Weges“.[14] Zugleich enthielt die Rede aber auch deutliche Kritik an der Art der Herrschaft der NSDAP, allerdings geschickt verpackt mit Zitaten aus Hitlers „Mein Kampf“ und Lobpreisungen auf die 1933 erreichte „Einheit des Geistes“, zu der Deutschland „fast wie ein Traum“ aus dem Tal der Trübsal und der Hoffnungslosigkeit zurückgefunden habe.[15]

Propagandaminister Joseph Goebbels unterband die Veröffentlichung dieser Rede. Bereits im Mai hatte er einen Feldzug gegen die „Miesmacher“ und „Nörgler“ im bürgerlich-konservativen Lager gestartet, den er im Juni noch einmal intensivierte. Diese Kreise sollten sich über den bisher erwiesenen „Großmut“ nicht täuschen, schon bald würden sie „unsere Entschlossenheit verstehen“.[16] Von Papen reagierte auf diese Attacken, indem er Hitler gegenüber drohte, dem Reichspräsidenten seinen Rücktritt anzubieten. Damit wäre die Fortsetzung der nationalsozialistisch-konservativen Regierungskoalition infrage gestellt worden.

In dieser Situation schlug Hitler zu – nicht gegen das bürgerlich-konservative Lager, sondern mit einem Enthauptungsschlag gegen die Führungsriege der SA. Ein ausschließliches Vorgehen gegen die bürgerlich-konservative Opposition hätte ein unkalkulierbares Risiko bedeutet, dagegen bot die SA ein geeignetes Angriffsziel. Sie war isoliert und in weiten Teilen der Bevölkerung unbeliebt. „Mit der Ausschaltung der SA-Führung“, so der Himmler-Biograf Peter Longerich, „ließe sich das Knäuel an innenpolitischen Problemen auf einen Schlag lösen.

14 Wortlaut der Marburger Rede, in: Edmund Forschbach, Edgar J. Jung. Ein konservativer Revolutionär. 30. Juni 1934, Pfullingen 1984, S. 161, 171 f.

15 Vgl. ebenda, S. 155 ff.

16 Vgl. Longerich, Die braunen Bataillone, S. 209.

Die Masse der unzufriedenen SA-Männer verlöre ihre Sprachrohre, die Drohung mit der ‚zweiten Revolution' wäre vom Tisch, die Frage der Wehrverfassung hätte sich erledigt, die Mehrheit der Bevölkerung würde die Ausschaltung dieses Unruhefaktors mit Erleichterung hinnehmen – und das Bündnis zwischen Nationalsozialismus und konservativen Eliten würde gestärkt daraus hervorgehen."[17]

Die Unterstellung, die SA-Führung habe einen Putsch vorbereitet, mobilisierte Ängste und ließ Hitler als den Verteidiger von „Recht und Ordnung" erscheinen. Um die Morde zu rechtfertigen, wurde die SA in der Propaganda als ein Hort moralischer Verkommenheit dargestellt, der nun endlich ausgeschaltet worden sei. So hieß es in einem Kommuniqué der Reichspressestelle: „Die Durchführung der Verhaftung zeigte moralisch so traurige Bilder, daß jede Spur von Mitleid schwinden mußte. Einige dieser SA-Führer hatten sich Lustknaben mitgenommen. Einer wurde in der ekelhaftesten Situation aufgescheucht und verhaftet. Der Führer gab dann den Befehl zur rücksichtslosen Ausrottung dieser Pestbeule."[18] Die Tatsache, dass Edmund Heines in Bad Wiessee im Bett mit einem homosexuellen Freund vorgefunden wurde, gab Goebbels Gelegenheit, in seiner Erklärung zum Röhm-Putsch von „widerlichen und fast Brechreiz verursachenden Bildern" zu sprechen.[19] In einem Befehl Hitlers an den neuen Stabschef der SA Viktor Lutze hieß es, jede Mutter müsse ihren Sohn in SA, Partei und Hitlerjugend geben können, „ohne Furcht, er könne dort sittlich oder moralisch verdorben werden". Zum Schluss betonte der „Führer": „Ich will Männer als SA-Führer sehen und keine widerlichen Affen."[20]

17 Longerich, Himmler, S. 182 f.

18 Zit. nach Gritschneder, „Der Führer hat Sie zum Tode verurteilt …", S. 51.

19 Zit. nach Heinz Höhne, Moralsache Röhm. Hitlers Durchbruch zur Alleinherrschaft 1933–1934, Hamburg 1984, S. 267 f.

20 BArch O-407, Bl. 341. Zugleich verfügte Hitler eine Reihe von Maßnahmen, die sich gegen den verschwenderischen Lebensstil und das Landsknechtgebaren der SA richteten. In einem Befehl an den neuen Stabschef der SA,

Die Reichswehr unterstützte die Mordaktion, weil Röhm mit seinen Forderungen die Monopolstellung der Reichswehr als dem alleinigen „Waffenträger der Nation“ bedrohte. Reichswehrminister Werner von Blomberg hatte zusammen mit dem Generalmajor und Chef des Ministeramtes im Reichswehrministerium, Walter von Reichenau, Hitler zum Handeln gedrängt. Folgt man Paul Körner, dem damaligen Staatssekretär im Preußischen Staatsministerium, der im Münchner Schwurgerichtsprozess gegen Sepp Dietrich und Michael Lippert 1953 als Zeuge vernommen wurde, hat die Reichswehr unter Blomberg und Reichenau beim „Röhm-Putsch“ eine ausschlaggebende Rolle gespielt. Beide sollen Reinhard Heydrich, dem Nachfolger von Diels als Chef des Gestapa, belastendes Material gegen Röhm zugespielt haben.[21] Als Reichspräsident Paul von Hindenburg anfänglich Kritik an der Mordaktion äußerte, war es Blomberg, der ihn besänftigte. Daraufhin unterzeichnete Hindenburg den Telegrammtext an Hitler: „Aus den mir erstatteten Berichten ersehe ich, daß Sie durch Ihr entschlossenes Zugreifen und die tapfere Einsetzung Ihrer eigenen Person alle hochverräterischen Umtriebe im Keime erstickt haben. Sie haben das deutsche Volk aus einer schweren Gefahr gerettet. Hierfür spreche ich Ihnen meinen tief empfundenen Dank und meine aufrichtige Anerkennung aus. Mit besten Grüßen, von Hindenburg.“[22] Als Hindenburg Anfang August 1934 starb, veranlassten Blomberg und Reichenau die sofortige Vereidigung der Offiziere und Soldaten auf die Person Hitlers, obwohl von Blomberg als Wehrmachtsminister dazu gar nicht befugt war.[23]

Viktor Lutze, verbot Hitler künftig üppige Festessen und Diners. So seien allein im Stabsquartier Berlin monatlich bis zu 30 000 Mark für Festessen ausgegeben worden. Öffentliche Trinkgelage seien zu verbieten. Vgl. ebenda.

21 Vgl. Gritschneder, „Der Führer hat Sie zum Tode verurteilt …“, S. 74.

22 Zit. nach ebenda, S. 68.

23 Vgl. ebenda, S. 76, sowie Kirstin A. Schäfer, Werner von Blomberg: Hitlers erster Feldmarschall. Eine Biographie, Paderborn 2006, S. 155.

Der „Völkische Beobachter" brachte nach Ablauf der Röhm-Aktion lange Artikel mit Treuebekundungen, in denen dem „Führer" für sein entschlossenes Handeln gedankt wurde. Großes Unglück und ein Blutbad seien vom deutschen Volk abgewendet worden. Die Mordaktion wurde als „rettende Tat" hingestellt. Hitler selber erklärte in seiner vom Rundfunk übertragenen Reichstagsrede am 13. Juli 1934: „In dieser Stunde war ich verantwortlich für das Schicksal der deutschen Nation und damit des deutschen Volkes oberster Gerichtsherr!"[24] Konkrete Beweise legte Hitler nicht vor.[25] Neben dem Rednerpult standen SS-Angehörige als Posten mit Gewehr und Stahlhelm. Am Ende dieser gespenstischen Reichstagssitzung nahmen die Abgeordneten eine von Reichstagspräsident Göring vorgelegte Entschließung an: „Der Reichstag billigt die Erklärung der Reichsregierung und dankt dem Reichskanzler für seine tatkräftige und entschlossene Rettung des Vaterlandes vor Bürgerkrieg und Chaos."[26]

Der angesehene Staatsrechtler Professor Carl Schmitt veröffentlichte anlässlich der Reichstagsrede Hitlers in der „Deutschen Juristen-Zeitung" einen Artikel mit der Überschrift: „Der Führer schützt das

24 Zit. nach Gritschneder, „Der Führer hat Sie zum Tode verurteilt ...", S. 54.

25 Der einzige konkrete Hinweis, den Hitler angab, war die Behauptung, dass der Standartenführer Julius Uhl gedungen worden sei, ihn umzubringen. Dies habe Uhl „noch wenige Stunden vor seinem Tode" gestanden, so Hitler in seiner Rede. Eine Gruppe von SA-Funktionären hatte tatsächlich Mordpläne gegen Hitler entwickelt – aber nicht im Juni 1934, sondern im Sommer 1932. Diese Gruppe war der Meinung, dass Hitler mit seinem Legalitätskurs keinen Erfolg haben werde und deshalb ausgeschaltet werden müsse. Das Los zur Vollstreckung der Tat fiel auf Uhl. Als Hitler zum Reichskanzler ernannt wurde, ließ man diesen Plan wieder fallen. Uhl wurde in Bad Wiessee in den frühen Morgenstunden des 30. Juni in Gegenwart von Hitler verhaftet und am 2. Juli 1934 im KZ Dachau erschossen. Kurz vor seiner Ermordung soll er die alten Pläne gestanden haben. Diese hatten aber nichts mit dem „Röhm-Putsch" im Juni 1934 zu tun, was Hitler in seiner Reichstagsrede geflissentlich verschwieg.

26 Zit. nach Gritschneder, „Der Führer hat Sie zum Tode verurteilt ...", S. 56.

Recht“, in dem er ausführte: „Der Führer schützt das Recht vor dem schlimmsten Mißbrauch, wenn er im Augenblick der Gefahr kraft seines Führertums als oberster Gerichtsherr unmittelbar Recht schafft. [...]. Der wahre Führer ist immer auch Richter. Aus dem Führertum fließt das Richtertum.“ Die Gerichtsbarkeit des „Führers“ untersteht nicht der „Justiz, sondern war selbst höchste Justiz“.[27] Ähnlich formulierte es auch Hermann Göring vor den General- und Oberstaatsanwälten: „Das Recht und der Wille des Führers sind eins.“[28]

In der „Nacht der langen Messer“ des 30. Juni wurden aber nicht nur SA-Führer, sondern auch mehrere konservative Politiker ermordet: Unter anderen die Papen-Mitarbeiter Edgar J. Jung und Herbert von Bose, die Reichswehrgeneräle Kurt von Schleicher und Ferdinand von Bredow sowie Erich Klausener.

Der frühere Reichskanzler General Kurt von Schleicher gehört zu den prominentesten Opfern des „Röhm-Putsches“. Am 30. Juni 1934 fuhr um die Mittagszeit vor der Villa des Generals in der Griebnitzstraße 4 in Neu-Babelsberg ein Wagen vor, besetzt mit sechs Personen. Zwei von ihnen verschafften sich mit energischen Worten von der Haushälterin Einlass. Einer fragte den am Schreibtisch in seinem Arbeitszimmer Sitzenden, ob er General Schleicher sei. Als dieser sich umdrehte und die Frage bejahte, trafen ihn drei tödliche Schüsse. Schleichers Ehefrau Elisabeth, die kurz danach, durch den Lärm alarmiert, das Arbeitszimmer betrat, wurde ebenfalls niedergeschossen. Sie starb noch am selben Tag im Krankenhaus. In einer amtlichen Verlautbarung hieß es, dass Schleicher „mit den staatsfeindlichen Kreisen der SA-Führung und mit auswärtigen Mächten staatsgefährdende Verbindungen unterhalten“ habe. Damit sei „bewiesen“, dass er sich gegen diesen Staat und seine Führung betätigt habe. „Bei der Verhaftung durch Kriminalbeamte widersetzte sich General a. D. Schleicher

27 Zit, nach ebenda, S. 72 f.

28 Zit. nach Walther Hofer, Die Diktatur Hitlers. Bis zum Beginn des Zweiten Weltkrieges, Konstanz 1960, S. 33.

mit der Waffe. Durch den dabei erfolgten Schußwechsel wurden er und seine dazwischen tretende Frau tödlich verletzt."[29] Generalmajor Ferdinand von Bredow, ein Mitstreiter von General Schleicher, erfuhr noch am 30. Juni 1934 von dessen Ermordung. Trotz der Gefahr für sein eigenes Leben entschloss er sich bei seiner Familie zu bleiben. Am Abend des gleichen Tages wurde er von Angehörigen der SS verhaftet und getötet. Er wies zwei Schussverletzungen im Kopf auf.

Erich Klausener, geboren am 25. Januar 1885 in Düsseldorf, stammte aus einer streng katholischen Familie. Nach dem Abitur studierte er Jura. Am 28. August 1919 erfolgte seine Ernennung zum Landrat des Landkreises Recklinghausen, später war er als Ministerialdirektor und Abteilungsleiter für Jugend- und Erwerbslosenfürsorge im preußischen Wohlfahrtsministerium tätig. Nach seiner Berufung in das preußische Innenministerium im Jahr 1926 übernahm er die Leitung der für die Polizei zuständigen Abteilung. Als Ministerialdirektor diente Klausener im Innenministerium unter den SPD-Ministern Albert Grzesinski und Carl Severing sowie ab 1932 unter dem parteilosen Franz Bracht. Zusätzlich zu seinem Amt übernahm Klausener 1928 die Leitung der Katholischen Aktion in der Fürstbischöflichen Delegatur für Brandenburg und Pommern, die 1930 zum Bistum Berlin wurde. Sekretär der Katholischen Aktion war in Berlin von 1930 bis 1932 der Priester Walter Adolph.[30]

Nach der Ernennung Hitlers zum Reichskanzler am 30. Januar 1933 wurden viele Ämter im Preußischen Innenministerium neu besetzt. Innenminister Bracht wurde durch Hermann Göring ersetzt. Am 13. Februar 1933 wurde Klausener von seinen Dienstpflichten im Innenministerium entbunden und am 1. März 1933 als Leiter der Schifffahrts-

29 Zit. nach Gritschneder, „Der Führer hat Sie zum Tode verurteilt …", S. 41 f.

30 Adolph hat auch die einzige ausführlichere Biografie über Erich Klausener verfasst. Sie basiert vor allem auf eigenen Erinnerungen aus der Zeit des gemeinsamen Wirkens in der Berliner Diözese. Walter Adolph, Erich Klausener, Berlin 1955.

Erich Klausener.
LAB, B Rep 058, Nr. 14499

abteilung in das Reichsverkehrsministerium unter Minister Paul von Eltz-Rübenach berufen. Klausener hatte als Leiter der Polizeiabteilung im Preußischen Innenministerium tiefe Einblicke in die Parteigeschichte der NSDAP erhalten und war deshalb den Nationalsozialisten suspekt. Anlässlich des märkischen Katholikentages hielt er in Hoppegarten eine Rede vor 60 000 Zuschauern. Deren Originaltext ist nicht erhalten geblieben, sie wird auch unterschiedlich bewertet. Es besteht aber kein Zweifel, dass diese Rede mit ausschlaggebend für seine spätere Ermordung war. Am 30. Juni 1934 wurde er erschossen in seinem Amtszimmer aufgefunden. Die offizielle Version war, er habe Selbstmord begangen, als er verhaftet werden sollte. Jedoch gab es alsbald Zweifel an dieser Version. Vonseiten der katholischen Kirche waren vereinzelte empörte Stellungnahmen zu vernehmen. So nannte der „Osservatore Romano“

vom 2./3. Juli 1934 die These vom Selbstmord eine Absurdität.[31] Auch Klauseners Pfarrer Albert Coppenrath widersprach öffentlich der Behauptung eines Suizides. Ansonsten aber hat die Katholische Kirche sich ausgesprochen zurückgehalten. Es sollte eine Situation vermieden werden, die als ein Bruch der Loyalitätspflicht des Konkordats hätte ausgelegt werden können, in dem das Deutsche Reich der Katholischen Kirche in Deutschland die Freiheit der Religionsausübung zusicherte.

Die Tatsache, dass während des „Röhm-Putsches" nicht nur unbeliebte SA-Führer, sondern auch allgemein respektierte Politiker wie Klausener ermordet wurden, rief bei Teilen der von Hitler umworbenen konservativen Bevölkerung tiefe Bestürzung hervor. Wie haben die bürgerlich-konservativen Kreise konkret auf diese Mordtaten reagiert? Wie hat das Regime versucht, die Verbrechen in seiner Propaganda darzustellen? Die zahlreichen Zeugenaussagen bei den Gildisch-Prozessen vermitteln einen realistischen Eindruck von der Reaktion dieser Kreise und geben eindrucksvoll die Atmosphäre wieder, die damals weite Teile der Bevölkerung bis hinauf in die Regierungsebene erfasst hat.

Während der NS-Zeit kam es nur in einem Fall zu einer strafrechtlichen Verfolgung eines während der Röhm-Affäre verübten Mordes. Es war dies der Mord an dem Stadtbaurat der schlesischen Stadt Waldenburg, Kuno Kamphausen, der dem Bruder des SS-Standartenführers Förster eine Baugenehmigung verweigert hatte. Förster und der Standartenführer Deponte nutzten die durch den „Röhm-Putsch" geschaffene Gelegenheit, um eine persönliche Rechnung zu begleichen. Gegen 22.30 Uhr wurde Kamphausen von SS-Männern aus seiner Wohnung geholt, in einem Wagen abtransportiert und von dem SS-Mann Erich Szustak erschossen. Die Leiche wurde am nächsten Morgen in einem Straßengraben mit elf Schusslöchern gefunden. Gegen acht SS-Männer wurde ein Verfahren vor dem Schwurgericht in Breslau wegen Mordes,

31 Vgl. ebenda, S. 122.

Freiheitsberaubung und Amtsanmaßung eröffnet.[32] Drei SS-Männer wurden zu Gefängnisstrafen verurteilt, auf Druck der SS-Führung aber bald wieder aus der Haft entlassen. Fünf Beteiligte wurden freigesprochen, darunter Szustak. Das Gericht glaubte ihm, den Befehl seiner Vorgesetzten in der Annahme ausgeführt zu haben, dass Kamphausen die SA-Revolte unterstützt habe und daher seine Tötung aus Gründen der „Staatsnotwehr" notwendig sei.

Ansonsten wurden Aufforderungen an das Reichsjustizministerium oder das Reichsgericht, die Rechtmäßigkeit einzelner Tötungen zu untersuchen, stets unter Verweis auf das Gesetz vom 3. Juli 1934 abgelehnt. Angelaufene Verfahren gegen die Täter wurden eingestellt, Strafanzeigen gegen sie nicht mehr bearbeitet. Nicht selten wurde die Justiz bei dem Versuch, Ermittlungen einzuleiten, behindert. Als in dem Mordfall General Schleicher und seiner Ehefrau Elisabeth der damalige Gerichtsassessor Heinrich Grützner zusammen mit seinem vorgesetzten Oberstaatsanwalt Ermittlungen aufnehmen wollte, begab sich der berüchtigte spätere Präsident des Volksgerichtshofes, Roland Freisler, damals noch Staatssekretär im preußischen Justizministerium, zusammen mit drei Gestapo-Beamten gegen Mitternacht in die Wohnung des Assessors und setzte ihn massiv unter Druck, die Ermittlungsakten zu beseitigen.[33]

Nach Ablauf der Mordaktionen begann die NS-Führung systematisch, die Spuren zu verwischen. Göring ordnete die Verbrennung aller mit der Röhm-Affäre in Zusammenhang stehenden Unterlagen an. Es sollten alle Dokumente beseitigt werden, die Hinweise auf die Täter geben konnten, um diese vor einer strafrechtlichen Verfolgung bei einem möglichen Umbruch in Deutschland zu schützen. So sind die

32 Vgl. Lothar Gruchmann, Justiz im Dritten Reich 1933–1940. Anpassung und Unterwerfung in der Ära Gürtner, München 2002, S. 462 ff.

33 Vgl. Gritschneder, „Der Führer hat Sie zum Tode verurteilt …", S. 41. Grützner hat die Akten jedoch nicht vernichtet. Sie sind in den Vierteljahrsheften für Zeitgeschichte 1 (1953), S. 71–95, wiedergegeben.

exakte Anzahl der Ermordeten, die Entscheidungsprozesse und Vorbereitungsmaßnahmen, die der Aktion vorangingen, der genaue Ablauf der einzelnen Verhaftungen und Exekutionen sowie die Personalien eines großen Teils der Täter bis heute nicht aufgeklärt.

Nach dem Zweiten Weltkrieg wurden die Ereignisse des „Röhm-Putsches“ im Rahmen der Nürnberger Prozesse nur allgemein thematisiert. Zu einer systematischen Untersuchung einzelner Mordfälle kam es erst durch bundesdeutsche Gerichte. Der erste Prozess dieser Art war das Verfahren gegen den ehemaligen SS-Führer Kurt Gildisch, der beschuldigt wurde, Erich Klausener ermordet zu haben. Es fanden danach einzelne Verfahren gegen untergeordnete SS-Angehörige statt. Ein in der Öffentlichkeit viel beachteter Prozess im Zusammenhang mit dem „Röhm-Putsch“ wurde dagegen vor dem Landgericht München 1957 durchgeführt. Angeklagt waren der ehemalige Kommandant der Wachmannschaften im Konzentrationslager Dachau Michael Lippert sowie der damalige Befehlshaber der SS-Leibstandarte Adolf Hitler und spätere SS-Oberst-Gruppenführer und Kommandeur der 6. SS-Panzerarmee, Josef „Sepp“ Dietrich, wegen Ermordung von Ernst Röhm und weiterer SA-Führer. Es handelte sich um das umfangreichste Gerichtsverfahren zu den Morden des „Röhm-Putsches“. Bereits im Januar 1949, also noch vor Gründung der Bundesrepublik Deutschland, hatte die Münchner Staatsanwaltschaft eine Ermittlungsakte angelegt. Im Verlauf der Untersuchungen und der Revision beim Bundesgerichtshof in Karlsruhe wuchs dieser Fall auf 61 Aktenbände mit insgesamt 5700 Seiten an – eine ebenfalls erstrangige Quelle zu den Abläufen des „Röhm-Putsches“.[34]

Ein weiterer viel beachteter Prozess fand ebenfalls im Jahr 1957 vor dem Schwurgericht des Landgerichts Osnabrück gegen den aus Schlesien stammenden Udo von Woyrsch statt. Der SS-Gruppenführer und General der Polizei wurde beschuldigt, an den zahlreichen „schlesischen“ Morden durch Erteilung oder Weitergabe von Erschießungsbefehlen mit-

34 Vgl. Gritschneder, „Der Führer hat Sie zum Tode verurteilt …“, S. 80.

gewirkt zu haben, die ihm Himmler und Göring per Fernschreiben im Zusammenhang mit der Mordaktion vom 30. Juni 1934 erteilt hatten.[35]

Der erste Prozess gegen Gildisch im Mordfall Klausener fand 1951 vor dem Landgericht Berlin statt. Die Presse sprach von einem Sensationsprozess, der weit über die Stadt hinaus Beachtung finden würde, und äußerte die Hoffnung, dass nun weitere Hintergründe und Zusammenhänge des „Röhm-Putsches" aufgeklärt werden könnten.[36] Die Unterlagen zu diesem Prozess mit den Lebensläufen, Vernehmungsprotokollen, Plädoyers, persönlichen Briefen und Gerichtsurteilen befinden sich heute im Landesarchiv Berlin.[37] Die umfangreichen Ermittlungen liefern nun tatsächlich eine Vielzahl interessanter Informationen zu den Abläufen des „Röhm-Putsches" und der daran beteiligten Personen. So erfahren wir, dass Edgar J. Jung bei seinem Transport zum Leichenschauhaus noch gelebt hat, lesen eine detaillierte Schilderung Gildischs über die Exekution von Karl Ernst sowie eine Darstellung Sepp Dietrichs über seine Rolle während der Ereignisse. Die Umstände der Ermordung Erich Klauseners werden detailliert rekonstruiert und die Atmosphäre, die während des „Putsches" geherrscht hat, eindrucksvoll eingefangen. Nicht zuletzt liefern die Unterlagen umfangreiche Einblicke in den Lebenslauf und die Psyche eines der markantesten SS-Männer.

Die Verteidigung übernahm der bekannte Anwalt Dr. Paul Ronge (geb. 1901), der neben Max Alsberg und Erich Frey in den 1930er-Jahren zu den bekanntesten Strafverteidigern Deutschlands gehörte. Ein gewisses Maß an Achtung wurde ihm entgegengebracht, weil er in der NS-Zeit auch Verfolgte des NS-Regimes vor Gericht vertreten hatte. Noch kurz vor Kriegsende wurde er wegen regimekritischer Bemerkungen in Abwesenheit zum Tode verurteilt. Nach dem Zweiten Weltkrieg ließ sich Ronge als Strafverteidiger in West-Berlin nieder. Im Gegensatz

35 Vgl. ebenda, S. 105 ff.

36 Vgl. Landesarchiv Berlin (LAB), B Rep. 058, Nr. 1493 (Strafsache gegen Kurt Gildisch wegen der Ermordung Dr. Erich Klauseners im Zuge des sogenannten Röhm-Putsches), Bl. 36.

37 Vgl. ebenda, Nr. 1493 bis 1500.

zu seiner früheren Tätigkeit verteidigte er vor allem Personen, die sich während der NS-Zeit belastet hatten. Aufsehen erregte besonders die Verteidigung von Helene Schwärzel, die 1944 den deutschen Widerstandskämpfer Carl Friedrich Goerdeler an die Nazis verraten hatte, als dieser sich nach dem Attentat vom 20. Juli 1944 auf der Flucht vor der Staatsmacht befand. Das Regime „belohnte" Schwärzel mit der Zahlung von einer Million Reichsmark. 1946 wurde sie als Denunziantin in erster Instanz zu 15 Jahren, in zweiter zu sechs Jahren Zuchthaus verurteilt.

Nun widmete sich Ronge dem Fall Kurt Gildisch. Die Öffentlichkeit konnte gespannt sein, wie er seine Verteidigung aufbauen würde. Seine Erfahrungen als Strafverteidiger hat er 1963 in einem Buch zusammengefasst.[38] Von 1956 bis 1958 war Ronge Vorsitzender der FDP-Fraktion im Abgeordnetenhaus von West-Berlin.

38 Paul Ronge, Im Namen der Gerechtigkeit. Erinnerungen eines Strafverteidigers. München 1963.

III. Der Mord an Erich Klausener

1. Die Verhaftung Gildischs

Eine zufällige Begegnung hatte den Prozess ins Rollen gebracht. Am 28. August 1949 traf Kurt Gildisch gegen 20 Uhr am Bahnhof Berlin-Friedrichstraße Otto Frey. Die beiden Männer kannten sich seit 1926 und waren wiederholt zusammengetroffen. Frey betrieb seit 1927 in der Dorotheenstraße 50 ein Handelsgeschäft. Gildisch war zu dieser Zeit auf dem zuständigen Polizeirevier Streifenbeamter. Sein Kollege Johann Meyer ging mit Gildisch öfters Streife. Über Johann Meyer lernte Frey Gildisch kennen. Beide besuchten des Öfteren Freys Geschäft. 1932 traf der Kaufmann Gildisch dann zufällig an der Weidendammer Brücke. Dabei erzählte ihm Gildisch, „dass er wegen antisemitischer Haltung aus den Reihen der Polizei entlassen worden sei und er nun kein Unterkommen habe. Um ihn los zu werden und aus Mitleid schenkte ich ihm 5,– RM. Er bedankte sich bei mir und machte dabei die Bemerkung, dass, wenn Hitler an die Macht käme, er mit allen Leuten noch einmal abrechnen würde."

Kurz nach der „Machtergreifung" – so Frey weiter – sei Gildisch als SS-Hauptsturmführer mit einigen SS-Männern in einem Pkw zu seiner damaligen Arbeitsstelle in die Urbanstraße 96 gekommen, um ihn seinen Kameraden als den Mann vorzustellen, der ihm einmal aus der Not geholfen habe. „Hierbei zeigte er mir einen roten Ausweis, der von Bormann unterschrieben war und der ihn berechtigte, alle Behörden in Anspruch zu nehmen." Ferner war auf „dem Ausweis vermerkt, dass Gildisch zum Begleitkommando des ‚Führers' gehöre". Gildisch lud ihn in das Lokal „Danziger Lachs“ ein, mit dessen Inhaber Ernst Frömmelt Gildisch gut befreundet war. Dort kam es zu einem Trinkgelage, in dessen Verlauf Frey Gildisch anvertraute, dass er in eine Betrugsaffäre verwickelt sei. „Gildisch sagte mir zu, sich bei den betreffenden Behörden für mich zu verwenden und erzählte mir auch später, dass sogar der Justizminister Kerrl ihm in die Hand versprochen habe, sich meiner Sache anzunehmen. In meiner Notlage kam ich nun den fortlaufenden Geldforderungen des Gildisch nach und gab ihm insgesamt 1500 RM, die er aber für sich verbrauchte, ohne mir in meiner Sache geholfen zu haben.“[39]

Unmittelbar nach dem „Röhm-Putsch“ saßen Frey und Meyer im „Danziger Lachs“ zusammen. Dabei erzählte Meyer, dass Gildisch ihm anvertraut habe, auf Klausener ein oder zwei Schüsse im Dienstzimmer des Verkehrsministeriums abgegeben zu haben. Die eintreffende Polizei habe dann seine Dienstpistole als sogenannte Selbstmordpistole des Dr. Klausener beschlagnahmt. Kurz darauf sei Gildisch im „Danziger Lachs“ erschienen. Beim Abschnallen habe er gesagt: „Verflucht noch mal, ich habe ja keine Pistole bei mir; die haben sie mir doch bei der letzten Sache beschlagnahmt.“ Daraufhin stellte Frey Gildisch zur Rede und hielt ihm vor, sich mit dem Blut des Klausener befleckt zu haben, woraufhin Gildisch in Erregung geriet und äußerte: „Klausener ist einer der gefährlichsten Leute, die gegen uns arbeiten; er ist von der katholischen Kirche; solche Leute müssen ausgemerzt werden.“[40]

Als Frey nun Gildisch am 28. August 1949 zufällig in der Halle des S-Bahnhofs Friedrichstraße traf, erklärte Gildisch, „dass er immer noch der Alte sei und für ihn gäbe es nur eines: ‚Rache‘“. Sie unterhielten sich auch über Politik, und Frey hatte den Eindruck, dass Gildisch immer noch ein „großer Nazi“ sei.[41]

39 Aussage von Otto Frey vom 1. 9. 1949, LAB B Rep. 058, Nr. 1499, Bl. 8 VS u. RS. Alle Zitate sind im Original wiedergegeben, nur ganz vereinzelt wurden offensichtliche Tippfehler korrigiert.

40 Schwurgerichtsanklage des Generalstaatsanwalts beim Landgericht Berlin vom 30. 1. 1951, ebenda, Nr. 1493, Bl. 8.

41 Aussage von Otto Frey vom 1. 9. 1949, ebenda, Nr. 1499, Bl. 9.

Kurt Gildisch, nach Kriegsende
LAB, B Rep 058, Nr. 14499

Noch am 28. August 1949 erstattete Frey Anzeige bei der Staatsanwaltschaft. Demnach habe Gildisch seinerzeit während des „Röhm-Putsches“ Erich Klausener erschossen. Da Frey bei der Staatsanwaltschaft auf wenig Verständnis stieß, rief er noch am gleichen Abend den Prälaten der Katholischen Kirche Walter Adolph an, der daraufhin zur Kriminalpolizei ging und ebenfalls Anzeige erstattete.

Daraufhin wurden umfangreiche Ermittlungen eingeleitet. Vernommen wurde zunächst Kurt Gildisch, der die Angaben Freys bestritt: „Ich habe nach den Morden des 30. 6. 34 nicht im Lokal ‚Danziger Lachs‘ erzählt, ich hätte Klausener erschossen und dann den entsetzten Beamten des Ministeriums gegenüber etwas von Selbstmord erzählt, auch meine Dienstpistole neben die Leiche gelegt, um einen Selbstmord vorzutäuschen. Das sind Erzählungen Freys, die ich nicht anerkennen kann. Ich habe wohl Frey einmal geholfen, die Verbüßung einer im Jahre 1932 erlittenen Strafe zu ersparen, indem ich seinem damaligen Chef Stucke den Weg zu dem damaligen Minister Kerrl ebnete, wofür ich von Frey auch eine Belohnung in der Weise empfing, dass er mit Meyer zusammen mit mir ausging und uns freihielt. […] Er war aber dann auf mich verärgert, weil seine Gnadengesuche erfolglos blieben und er die Strafe verbüßen musste. Es kann wohl sein, dass ich im ‚Danziger Lachs' oder bei solchen Gelegenheiten einmal gesagt habe, ich sei bei den Vorgängen des 30. Juni dabei gewesen. Ich wollte das aber nicht in dem bestismmten Sinne sagen, dass ich Klausener selbst erschossen hätte." Zum Schluss fügte er noch hinzu: „Übrigens ist Frey homosexuell."[42]

Auch der Gastwirt des „Danziger Lachs", Ernst Frömmelt, wurde vernommen und befragt, ob er von dieser Unterredung etwas mitbekommen habe. Frömmelt gab zu Protokoll, dass sich sein Lokal bis 1937 in der Mohrenstraße 53, nicht weit von der Reichskanzlei entfernt, befunden habe, er dann aber das Haus auf Weisung des Generalbauinspektors für die Reichshauptstadt Berlin, Albert Speer, habe räumen müssen. Wegen der Nachbarschaft zur Reichskanzlei hätten in seinem Lokal viele Angehörige der SS aus der Reichskanzlei verkehrt. „Diese", so der Wirt, „verursachten mir vielen Ärger, da sie durch ihre Anwesenheit und ihr Auftreten viele ordentliche Gäste vertrieben, so daß ich dem schließlich ein Ende machte und sie aus dem Lokal verwies. Auch Gildisch, von dem ich wußte, daß er Führer von Hitlers Begleit-Kommando war, verkehrte bei mir. […] Ich kann nur sagen, daß er sich in meinem Lokal im Gegensatz zu anderen immer ordentlich aufführte. Er trank zwar viel, war in seinem Betragen aber dennoch korrekt. In meinem Lokal verkehrten auch zahlreiche Juden aus dem Konfektionsviertel, doch habe ich nie beobachtet, daß er sich an ihnen vergriffen hätte. In Bezug darauf ist mir folgender Vorfall im Gedächtnis geblieben: Ein jüdischer Pelzhändler namens Grünbaum bestellte einmal am Büffet eine Runde Cognac und ließ auch Gildisch einen anbieten. Gildisch fragte, von wem der Cognac sei, und als er erfuhr, daß er von Grünbaum komme, ging er zu ihm und sagte ihm in höflicher Weise, er

42 Aussage von Kurt Gildisch vor dem Untersuchungsrichter des Landgerichts Berlin vom 13. 7. 1950, ebenda, Nr. 1499, Bl. 76 RS.

könne den Cognac nicht annehmen, da es sich mit seiner Stellung nicht vereinbare, von einem Juden etwas anzunehmen. Ich will damit nur sagen, daß er auch diesen Gästen gegenüber korrekt war." Im Übrigen sei es aber sein Prinzip gewesen, sich nicht in die Unterhaltungen der Gäste einzumischen und vor allem mit ihnen nicht zu „politisieren". Daher könne er auch nicht sagen, worüber sich Gildisch mit anderen Gästen und vor allem mit den auch ihm bekannten Meyer und Frey am Nachmittage oder Abend des 30. Juni 1934 unterhalten habe. „Gildisch hat mir lediglich einmal später erzählt, er habe den SA.-Gruppenführer Ernst abgeholt und zur Erschießung nach Lichterfelde gebracht. Woher er ihn abgeholt hat, weiß ich nicht mehr."[43]

Gildisch bestritt also entschieden, Erich Klausener erschossen zu haben. Die gegenteiligen Aussagen von Otto Frey stellte er als Racheakt dar. Bereits in seiner Vernehmung am 9. September 1949 – also knapp ein Jahr zuvor – hatte Gildisch diesbezügliche Beschuldigungen seiner geschiedenen Ehefrau als Racheakt bezeichnet: „Vor meiner Ehescheidung im Jahre 1949 erhielt ich von meiner geschiedenen Ehefrau [...] einen Brief, in dem sie mir drohte, dass, wenn ich bei der Ehescheidung irgendwelche ehrenrührigen Angelegenheiten vor dem Gericht zur Sprache bringen werde, sie gegen mich wegen Anstiftung und Beihilfe zum Mord vorgehen würde." Sie selbst habe ja als ehemalige Naziaktivistin ihre Strafe bereits verbüßt.[44]

Da Gildisch behauptete, mit dem Tod Erich Klauseners nichts zu tun gehabt zu haben, konzentrierten sich die Ermittlungen nun vor allem auf die Geschehnisse im Verkehrsministerium während des „Röhm-Putsches", auf die Frage, inwieweit Klauseners Kollegen etwas über dessen Ableben aussagen könnten.

Im Reichsverkehrsministerium waren als Ministerialdirektoren Dr. Ernst Brandenburg und Dr. Johannes Gährs beschäftigt. Den Gerichtsprotokollen zufolge holten Brandenburg und Gährs am Tag des

43 Aussage von Ernst Frömmelt, ebenda, Nr. 1499, Bl. 201 VS u. RS.

44 Aussage von Kurt Gildisch vom 9. 9. 1949, ebenda, Nr. 1499, Bl. 15 RS.

Geschehens – wie jeden Morgen – Klausener von seiner Wohnung in der Martin-Luther-Straße ab und fuhren mit ihm ins Verkehrsministerium. Da Sonnabend war, wurde verabredet, gegen 13.30 Uhr wieder nach Hause aufzubrechen. Brandenburg hatte am Vortag erfahren, dass die SS sich in Alarmbereitschaft befand, und dies auch der Adjutantur von Werner von Fritsch, dem Chef der Heeresleitung, telefonisch mitgeteilt.

„Als ich mit Dr. Klausener", so Brandenburg nach der Ankunft im Verkehrsministerium, „nach unserem Dienstzimmer ging, sprach ich mit ihm über die Unsicherheit der Lage, wie sie sich mir darstellte und äußerte dabei, ich würde mir am Liebsten am Montag eine Pistole mitbringen und in den Schreibtisch legen, denn ich gedächte mein Leben so teuer wie möglich zu verkaufen, wenn ich etwa abgeholt werden sollte. Ich riet dies auch Klausener, der mir wegen seiner früheren Stellung als Chef der Polizeiabteilung im früheren Preußischen Innenministerium besonders gefährdet erschien. Er lehnte das aber ab und meinte, das sei ganz zwecklos. [...] Er brauchte zusammenfassend noch die Worte: ‚Ach Brandenburg, Sie sind ja verrückt, das hat ja alles keinen Sinn'."[45]

Einige Stunden, nachdem Brandenburg sich in sein Dienstzimmer begeben hatte, kam gegen Mittag Ministerialrat Heyn zum Vortrag zu ihm. „Er äußerte beim Betreten des Zimmers in seiner ironischen Art, das werde ja immer toller, eben sei ein SS-Führer – er gebrauchte das Wort: So ein großer SS-Führer oder SS-Kerl – die Treppe herauf gestürmt, es sei noch ein Kerl in Zivil dabei gewesen, habe nach Ministerialdirektor Klausener gefragt und, als ihm das Zimmer gezeigt worden sei, den Amtsgehilfen verhindert, ihn bei Klausener anzumelden, sondern sei selbst hereingegangen. Er fügte noch ironisch hinzu, nächstens würde noch im Ministerium geschossen. Gleich darauf war ein Knall zu hören, worauf Heyn sagte: ‚Sehen Sie, da schießen sie schon!' Ich nahm den Knall aber weiter nicht ernst, sondern hielt ihn für einen Knall im Vergaser eines im Hof stehenden Kraftfahrzeugs.

45 Aussage von Ernst Brandenburg vom 20. 9. 1950, ebenda, Nr. 1493, Bl. 108.

Im nächsten Augenblick aber kam ein Amtsgehilfe in mein Zimmer gestürzt und sagte aufgeregt und stammelnd, der Herr nebenan liege in seinem Blute. Er hatte wohl im Vorbeigehen die beiden Leute aus Klauseners Zimmer herausgehen sehen und Klausener selbst an der Tür liegen sehen."

Brandenburg ging mit Heyn sofort hinaus und fand im Vorzimmer einen Auflauf von Personen. Der „SS-Führer" war inzwischen die Treppe hinuntergegangen. „Ich habe ihn einen Augenblick gesehen", so Brandenburg, „es war ein großer, gut gewachsener, etwas massiger Mann in SS Uniform, hatte ein rotes brutales, von der Aufregung offenbar gerötetes Gesicht und trug einen Stahlhelm. Denselben Mann habe ich wenige Augenblicke später noch einmal gesehen, als er mit 2 SS-Leuten zurückkehrte und diese vor die Tür des Ministerialdirektors Klausener stellte. Die Leute hatten regelrechte Infanteriegewehre."[46]

Der Bürodirektor Carl Schwaner, der nun ebenfalls in Klauseners Zimmer eilte, forderte den SS-Mann auf, über den Vorfall sogleich dem Minister von Eltz-Rübenach zu berichten. Dies lehnte der SS-Mann jedoch mit den Worten, „er habe keine Zeit", ab. Er gab den vor dem Zimmer aufgestellten Posten Anweisungen, dann entfernte er sich. Das war gegen 13.10 bis 13.15 Uhr.

Den Schuss im Zimmer Klauseners hatte auch der Zeuge Walter Paxmann gehört. Er öffnete sofort die Tür und bemerkte im Zimmer zwei Personen. In der Hand des einen, der SS-Uniform und einen Stahlhelm trug, sah er eine Pistole. Links von der Eingangstür lag Klausener, und zwar auf der linken Seite, sodass der Zeuge am rechten Hinterkopf eine blutige Einschussstelle wahrnehmen konnte. Klausener hatte dem Zeugen zufolge keine Pistole in der Hand.[47] Gährs erinnerte sich: „Gegen 13.15 kam aufgeregt Ministerialrat a. D. Paxmann in mein Zimmer mit den Worten: ‚Was ist hier los? Auf dem Flur stehen 2 bewaffnete

46 Ebenda, Bl. 109.

47 Vgl. Schwurgerichtsanklage des Generalstaatsanwalts bei dem Landgericht Berlin vom 30. 1. 1951, ebenda, Nr. 1493, Bl. 6.

SS-Leute und Ministerialdirektor Klausener liegt erschossen in seinem Zimmer.'"[48] Gährs informierte unverzüglich Staatssekretär Gustav Koenigs, der daraufhin Reichsverkehrsminister Eltz-Rübenach benachrichtigte. Brandenburg stellte eine Verbindung zu Reichsinnenminister Wilhelm Frick her. Eltz schilderte, wie Brandenburg aussagte, Frick den Vorfall. „Er [Eltz] sagte, es seien zwei Beamte von der Gestapo hier gewesen und es hiesse, die hätten den Ministerialdirektor Klausener verhaften wollen. Bei dieser Gelegenheit habe sich Klausener selbst erschossen. Frick unterbrach Eltz mit den Worten: ‚Ja Röhm ist auch schon tot, Schleicher ist auch schon tot, ich habe mit all diesen Dingen nichts zu tun.' Es folgten dann noch einige kurze Bemerkungen des Herrn v. Eltz, welcher Frick mitteilte, das Zimmer Klauseners sei abgeschlossen, es stünden 2 SS-Posten davor. Man habe ihm, den Reichsminister, den Eintritt in das Zimmer verwehrt."[49]

Nach den Ermittlungen der Staatsanwaltschaft erschien am 30. Juni 1934 gegen 13 Uhr im Verkehrsministerium ein SS-Mann in Begleitung von 16 oder 18 Mann, die unten auf der Straße warteten. Zusammen mit einem Zivilbeamten betrat er das Gebäude. Er trug eine SS-Uniform mit dem Rangabzeichen eines Hauptsturmführers und einen Stahlhelm. Bei dem Oberamtsgehilfen Gustav Guder erkundigte er sich nach dem Zimmer des Ministerialdirektors Erich Klausener. Auf die Frage Guders, wen er Klausener und in welcher Angelegenheit zu melden habe, entgegnete er nur kurz, er brauche nicht gemeldet werden, er müsse den Ministerialdirektor sprechen. In diesem Augenblick öffnete Klausener die Tür und trat heraus. Zusammen mit dem Zivilbeamten und Klausener ging der SS-Mann in dessen Zimmer. Als Guder wieder an seinem Arbeitsplatz war, hörte er plötzlich einen Schuss. Er begab sich sofort zu Klausener, dessen Tür jedoch abgeschlossen war. Als er den Vorfall dem Bürodirektor Carl Schwaner melden wollte und

48 Aussage von Johannes Gährs vom 6. 10. 1949, ebenda, Nr. 1499, Bl. 55.

49 Aussage von Ernst Brandenburg vom 20. 9. 1950, ebenda, Nr. 1493, Bl. 109 RS.

sich einige Schritte von Klauseners Zimmer entfernt befand, trat der SS-Mann heraus und rief ihn zurück. Er befahl ihm, von den in der Voßstraße stehenden SS-Leuten eine Wache von zwei Mann zu holen. Tatsächlich ließ der SS-Mann vor dem Zimmer von Klausener einen Doppelposten aufstellen.[50]

Dr. Werner Pünder, der Rechtsanwalt der Familie Klausener, wurde noch am 30. Juni 1934 um die Mittagszeit von dem Prälaten Walter Adolph aus dem Bischöflichen Ordinariat angerufen. Dieser teilte ihm mit, „die Geheime Staatspolizei habe soeben das Ordinariat telefonisch davon unterrichtet, dass Ministerialdirektor Dr. Klausener in seinem Dienstzimmer im Reichsverkehrsministerium Selbstmord verübt habe".[51] Daraufhin fuhr Pünder zur Wohnung von Frau Hedwig Klausener. Sie beschlossen, sofort gemeinsam das Reichsverkehrsministerium aufzusuchen. Der 17-jährige Sohn Erich Klausener junior begleitete sie. „Der Portier", so Dr. Pünder, „erkannte Frau Klausener und machte einen verstörten Eindruck. Er sagte, es sei etwas Furchtbares geschehen".

Auf dem Flur der 1. Etage trafen sie den Staatssekretär Koenigs und baten ihn, sie sofort bei dem Minister von Eltz-Rübenach zu melden. Koenigs meinte zunächst, dass eine Rücksprache mit dem Minister zwecklos sei. Dieser sei so in Anspruch genommen und durch die Ereignisse derart erschüttert, dass er wohl nicht in der Lage sein werde, sie persönlich zu empfangen. Da sie darauf bestanden, Eltz-Rübenach zu sprechen, führte Koenigs sie nunmehr zu dessen Zimmer, vorbei an dem Dienstbüro von Klausener, vor dem die schwer bewaffneten SS-Männer standen. Der Minister erklärte, dass er auf das Äußerste betroffen, aber leider nicht in der Lage sei, ihnen den Eintritt in Klauseners Zimmer zu ermöglichen. Er habe bereits Aufklärung verlangt und auf seinem Recht als Hausherr bestanden, den Arbeitsraum Klauseners zu besichtigen. Er sei aber gewarnt worden: Die Posten hätten Anweisung,

50 Vgl. Schwurgerichtsanklage des Generalstaatsanwalts am 30. 1. 1951, ebenda, Nr. 1493, Bl. 5 RS u. Bl. 6.

51 Aussage von Werner Pünder vom 17. 5. 1951, ebenda, Nr. 1493, Bl. 191 RS.

auf jede Person zu schießen, die den Versuch unternehme, das Zimmer zu betreten. Davon sei auch der Minister nicht ausgenommen. Das Geheime Staatspolizeiamt habe ihm dann auf telefonischen Anruf erklärt, Klausener habe, als er von den beiden Beamten verhaftet werden sollte, eine Pistole ergriffen und sich selbst erschossen. „Frau Klausener und ich hatten aber übereinstimmend den Eindruck, dass der Minister an den Selbstmord nicht glaubte, sondern davon überzeugt war, dass die Beamten der Gestapo den Dr. Klausener erschossen haben. Ich erklärte daraufhin dem Minister, es sei doch ein ganz unmöglicher Zustand, dass in seinem Ministerium zwei Polizeibeamte hinter seinem Rücken in das Dienstzimmer eines seiner höchsten Beamten eindringen, um den Beamten, ohne gerichtliches Verfahren, zu erschiessen." Der Minister sagte noch, er rate ihnen, vorsichtig zu sein, sie hätten ja gesehen, was passiert sei. Er selber stehe vor einem Rätsel. Er habe bereits mit dem Minister Dr. Frick telefoniert. Dieser habe ihm erklärt, er sei mit der Sache nicht befasst. Er möge sich an Göring wenden.[52]

Auf ihrem Rückweg kamen sie wieder an den schwerbewaffneten SS-Posten vor Klauseners Zimmer vorbei. Als der junge Erich Klausener sie bat, doch seinen toten Vater noch einmal sehen zu dürfen, und die Türklinke ergriff, wurde er mit dem Gewehrkolben fortgestoßen.[53] Von ihrer Wohnung aus benachrichtigte Frau Klausener telefonisch ihren Schwager, Rechtsanwalt Dr. Bruno Klausener in Düsseldorf, der sofort nach Berlin kam und sich bei Staatssekretär Koenigs anmeldete. Bei der Unterredung erklärte Koenigs, dass er am späten Nachmittag das Zimmer von Klausener habe betreten können. Die Leiche sei völlig ausgeblutet und entstellt gewesen. In der rechten Hand habe der in seinem Blut Liegende eine Pistole gehalten, wobei der Zeigefinger um den Abzug gekrümmt gewesen sei. „Bei dieser Stelle seines Berichtes

52 Ebenda, Bl. 191 RS, u. Bl. 192.

53 Erlebnisbericht Werner Pünders über die Ermordung Klauseners am 30. Juni 1934 und ihre Folgen. in: Vierteljahrshefte für Zeitgeschichte 19 (1971) 4, S. 404–431, hier S. 416.

hielt ich ihm ziemlich heftig vor, dass dies, wenn er damit einen Selbstmord glaubhaft machen wolle, nicht seiner Überzeugung entspreche, da er bei seiner genauen Kenntnis meines Bruders wisse, dass dieser niemals Selbstmord begangen hätte. [...] Koenigs gab keine weitere Erklärung ab; ich hatte den Eindruck, dass er zwar selbst nicht an einen Selbstmord glaubte, aber wohl eine Weisung des Ministers hatte, diese Legende zu vertreten."[54]

Am nächsten Tag konnte Bruno Klausener den Minister von Eltz-Rübenach persönlich sprechen. Zufällig war im Vorzimmer sein Blick auf ein Blatt in einer Schreibmaschine gefallen. „Ich erkannte dabei, dass es sich um den Entwurf eines Umlaufes im Ministerium über den Tod meines Bruders handelte. Ich konnte auf dem sichtbaren Stück des Blattes sehen, dass mein Bruder mit umstürzlerischen Kreisen in Verbindung gestanden habe." In dem Gespräch erwähnte er das Schriftstück und hielt dem Minister vor, er glaube doch als Katholik und als ein Mann, der seinen Bruder genau kenne, wohl selbst nicht, dass dieser an einer „umstürzlerischen" Bewegung teilgenommen habe. „Der Minister antwortete jedoch auf alle diese Vorhaltungen nur mit dem Hinweis darauf, das ergebe sich aus den Akten der Gestapo. Ich fragte ihn darauf, ob er diese Akten selbst gesehen habe, was er verneinte. Er berichtete mir dann, er sei zu Göring befohlen worden." Dabei habe ihm Göring gesagt, dass er die beiden SS-Leute zu sich beordert und sie befragt habe, ob sie ihren Auftrag etwa überschritten hätten, was diese verneint hätten. Als Bruno Klausener auf seiner Überzeugung beharrte, dass sein Bruder ermordet worden sei, antwortete von Eltz-Rübenach wörtlich: „Wenn Sie in die blauen Augen des Herrn Ministerpräsidenten gesehen hätten, so wüßten sie, dass darin kein Falsch ist." Dies soll sich ausdrücklich auch auf den Inhalt der Gestapo-Akten bezogen haben. Insgesamt – so der Eindruck von Bruno Klauseners –

54 Aussage von Bruno Klausener vom 20. 9. 1950, LAB, B Rep. 058, Nr. 1493, Bl. 171 RS.

ließ der Minister jedoch erkennen, dass er Angst hatte.[55] In einem Zettelumlauf des Ministeriums am Montag war die Mitteilung zu lesen, dass Dr. Erich Klausener Selbstmord verübt habe.[56]

Ernst Brandenburg meinte zu dem Verhalten von Eltz-Rübenach, dass dieser unter dem Einfluss von Koenigs gestanden habe, der die Möglichkeit eines Selbstmordes stärker betont habe. Koenigs habe es als Staatssekretär immer als seine Aufgabe angesehen, seine Minister zu schützen, und er sah die Gefahr, die für seinen Chef entstehen würde, wenn dieser die „staatsfeindliche" Version eines Mordes vertreten würde. Auch habe Eltz-Rübenach Klausener nicht gemocht. „Er hielt ihn für ehrgeizig und rücksichtslos."[57] Dagegen sagte Koenigs' Ehefrau später aus: „Weder mein Mann, noch der Minister haben an einen Selbstmord geglaubt, sind vielmehr der Auffassung gewesen, dass er ermordet worden sei."[58]

Rechtsanwalt Pünder und Frau Klausener sahen sich in ihrer Meinung, dass Erich Klausener keinen Selbstmord begangen habe, durch zwei Faktoren bestätigt: Bruno Klausener hatte sich auf Anregung von Pünder gleich nach seiner Ankunft in Berlin auch fernmündlich mit dem Geheimen Staatspolizeiamt in Verbindung gesetzt. Dabei wurde ihm mitgeteilt, die Untersuchung sei noch nicht abgeschlossen, die Leiche werde aber in einem gerichtsmedizinischen Institut auf die Todesursache hin untersucht. Ferner hätten zwei Beamte unmittelbar, nachdem der Schuss gefallen und das Zimmer verschlossen worden war, erklärt, sie würden sofort einen Arzt schicken.[59] Beides ist jedoch nicht geschehen.

55 Ebenda, Bl. 172.

56 Aussage von Johannes Gährs vom 6. 10. 1949, ebenda, Nr. 1499, Bl. 55.

57 Aussage von Ernst Brandenburg vom 20. 9. 1950, ebenda, Nr. 1493, Bl. 110 RS.

58 Aussage von Iris Konstanze Koenigs vom 11. 8. 1950, ebenda, Nr. 1499, Bl. 100.

59 Vgl. Aussage von Hedwig Klausener vom 4. 5. 1951, ebenda, Nr. 1493, Bl. 126 f. Außerdem gab Frau Klausener an, dass sie noch 10 Minuten vor dem Schuss mit ihrem Mann telefoniert und dieser sich mit ihrer Familie verabredet habe.

Gegen 17 Uhr wurden die Posten vor dem Zimmer Klauseners wieder zurückgezogen. Minister Eltz-Rübenach, Staatssekretär Koenigs und Ministerialrat Paxmann konnten das Zimmer betreten. Die Leiche wurde noch am selben Tag in den Abendstunden, aufgrund einer Weisung der Geheimen Staatspolizei, von dem Laboranten des Leichenschauhauses Bernhard Hempel und einer weiteren Person abgeholt und in die Hannoversche Straße gebracht. „Als wir uns der Leiche näherten", so Hempel, „und sie aufheben wollten, bemerkte ich, dass mindestens 3 oder 4 grosskalibrige Schussöffnungen sich im Schädel fanden. Aus sämtlichen Schusslöchern sickerte etwas Blut, welches zum Teil strassenförmig eingetrocknet war, besonders aber floss Blut aus der Schusswunde der rechten Kopfseite. Die Totenstarre war noch nicht eingetreten, die Leiche war noch warm."[60]

Im Leichenschauhaus wurde Hempel schon von dem Vorsteher Ernst erwartet, der die Leiche sofort in eine der verschließbaren Zellen des Kellers bringen ließ. Weder der Direktor des Instituts, Prof. Dr. Viktor Müller-Heß, so betonte Hempel, noch einer der Institutsärzte hätten eine Leichenschau vorgenommen. Die Umgebung des Instituts war von der SS abgesperrt worden. Anschließend musste Hempel noch die Leichen von Gregor Straßer[61] und des Rechtsanwalts Edgar Julius Jung abholen, während sein Kollege Ernst Otto die Leiche von Othmar Toifl übernahm.[62]

60 Aussage von Bernhard Hempel, ebenda, Nr. 1493, Bl. 116 RS.

61 Am 30. Juni 1934 wurde Straßer verhaftet und von einem SS-Kommando in das Gebäude der Geheimen Staatspolizei in der Prinz-Albrecht-Straße verschleppt. „Bereits gefesselt, wurde er [...] in eine Einzelzelle des Kellergeschosses gebracht und sofort mit mehreren Pistolenschüssen durch einen SS-Hauptsturmführer ermordet, der den Keller dann mit den Worten verließ: ‚Das Schwein wäre erledigt!' Die Leiche wurde offenbar an Ort und Stelle in Einzelteile zerstückelt und in mehreren blutigen Säcken weggebracht." Frau Straßer wurde als offizielle Todesursache „Selbstmord" angegeben. Udo Kissenkoetter, Gregor Straßer und die NSDAP, Stuttgart 1978, S. 194.

62 Otto sagte aus, dass er die Leiche von Othmar Toifl in Grunewald, Herthastraße, abgeholt habe. Vgl. Aussage von Ernst Otto vom 30.9.1949, LAB,

Einige Tage später wurde Klauseners Leiche ins Krematorium Wilmersdorf gebracht und eingeäschert, ohne dass den Angehörigen die Besichtigung gestattet wurde. Der Totenschein wurde nicht von einem Arzt ausgestellt, sondern lediglich von dem Kriminalsekretär Ernst mit einem Stempel versehen und unterschrieben. Eine Todesursache war nicht angegeben. Staatssekretär Koenigs bestellte Bruno Klausener zu sich ins Ministerium und teilte ihm mit, er habe ihm einen Vorgang zu berichten, der ihn als Katholiken sicherlich sehr schmerzen werde, nämlich dass die Leiche seines Bruders verbrannt worden sei. Die Asche könnte die Familie sich in der Halle des Herrenhauses in der Leipzigerstraße abholen.[63] Die Tatsache, dass die Leiche verbrannt worden war, ohne dass sie auf die Todesursache hin untersucht worden ist, war ein deutlicher Hinweis dafür, dass etwas vertuscht werden sollte.

Prof. Dr. Müller-Heß wurde nach 1945 von dem Leiter der Präsidial-Abteilung im Berliner Polizeipräsidium, Dr. Johannes Stumm, vernommen, der eine Abschrift der Vernehmung an Robert Kempner, den stellvertretenden Hauptankläger beim Nürnberger Kriegsverbrecher-Prozess schickte.

Auf die Frage, ob er die Leiche Klauseners obduziert habe, erklärte Müller-Heß, dass er sich nicht erinnern könne, aber zur Klärung in der Lage sei, da er von allen gerichtlichen Obduktionsbefunden über die von ihm sezierten Leichen Durchschriften zurückbehalten habe. Er beauftragte seine Sekretärin mit der Durchsicht der beim gerichtsärztlichen Institut geführten Bücher über vorgenommene Obduktionen, betonte aber zugleich, dass er sich von den Obduktionen solcher Personen fern-

B Rep. 058, Nr. 1493, Bl. 118 VS u. RS. Der Mord an Othmar Toifl beleuchtet einen ganz anderen Aspekt des „Röhm-Putsches“. Toifl war als SS-Angehöriger – trotz seines niederen Ranges und als Kriminalkommissaranwärter bei der Gestapo – ein enger Vertrauter von Kurt Daluege. Ab 1934 leitete er als Kommandant die SS-Mannschaft im KZ Columbiahaus, eine der schlimmsten Folterstätten in Berlin. Weshalb er ermordet wurde, ist jedoch ungeklärt.

63 Vgl. Aussage von Bruno Klausener vom 20. 9. 1950, LAB, B Rep. 058, Nr. 1493, Bl. 172 RS.

gehalten habe, die aus politischen Motiven nach 1933 umgebracht worden seien. Er habe es strikt für sich und seine Assistenten abgelehnt, dahingehende polizeiliche Ersuchen auszuführen: „Alsdann kam er sofort auf die Anwürfe zu sprechen, die nach dem Zusammenbruch gegen ihn erhoben worden seien. Hierbei betonte er, dass er als Gerichtsarzt mit mehr als 40jähriger Praxis stets objektiv, also weder dem Gericht noch den Angeklagten zuliebe gehandelt habe. Er sei daher von den Behörden der Hitler-Regierung wiederholten Angriffen ausgesetzt gewesen, insbesondere, als er es abgelehnt habe, das gerichtsärztliche Institut in den Dienst der von den Nazis systematisch betriebenen Beseitigung missliebiger Personen im Wege von Injektionen zu stellen. Die Hetze gegen ihn sei so weit gegangen, dass der seinerzeitige Stadtpräsident Lippert seine Entfernung aus dem Dienst betrieben hätte."

Nach knapp einer Stunde kehrte die Sekretärin zurück und berichtete, dass sie keinen Hinweis auf eine von Müller-Heß durchgeführte Obduktion der Leiche Klauseners gefunden habe, worauf Müller-Heß bemerkte, dass er diese Obduktion auch kaum vergessen hätte, da er wiederholt mit Dr. Klausener und Oberregierungsrat Dr. Hagemann in einem Restaurant Unter den Linden zu Mittag gegessen habe.

Der Vernehmer Johannes Stumm fand es „bedeutsam", dass Müller-Heß seine Bekanntschaft mit Klausener erst nach einer einstündigen Unterredung eingeräumt hatte. Es liege „doch sehr nahe, dass ein Arzt bei Nennung des Namens seines Bekannten sofort weiss, ob er sich mit dessen Leiche befasst hat oder nicht. Eine solche Amtshandlung, wie sie eine Obduktion darstellt, muss sich doch unauslöschlich dem Gedächtnis des Arztes einprägen." Auch erschien es ihm zweifelhaft, dass Müller-Heß nicht gewusst haben will, dass die Leiche Klauseners ins Leichenschauhaus verbracht worden ist, während er sich an alle Einzelheiten des Transports des im Grunewald von mehreren Schüssen niedergestreckten Sekretärs von Papens, Edgar Julius Jung, erinnerte. „Er wusste genau, dass man einen Wagen vom Leichenschauhaus dorthin dirigiert hatte, wobei bemerkt worden war, dass in dem Körper noch Lebenszeichen vorhanden waren, und dass er – Müller-

Hess – das Mitfahren eines Arztes angeordnet hatte. Jung sei auf dem Transport verstorben und als Leiche eingeliefert worden." Vielleicht wisse Müller-Heß auch – so der Kriminalkommissar –, „wann, wo und welche Theorie er seinerzeit über den Tod Dr. Klauseners aufgestellt hat". Aus den Einlieferungsbüchern der kriminalpolizeilichen Dienststelle beim Leichenschauhaus gehe jedenfalls hervor, dass die Rubrik für Vermerke, ob und durch wen eine Obduktion stattgefunden hat, nicht ausgefüllt wurde. Es sei lediglich vermerkt worden: „am 3. 7. 34 durch Gestapo erledigt". Die Leiche sei ebenfalls an diesem Tag abgeholt worden. „Anzunehmen ist hiernach", so der Kommissar, „dass seitens der Gestapo eine gerichtsärztliche Obduktion nicht gewünscht worden ist, damit aus dem Befund nicht auf Einzelheiten der Tat und die Täter Rückschlüsse gezogen wurden."[64]

Auch die Aussage von Hempel, dass die Leiche drei oder vier Schussöffnungen aufgewiesen habe, war ein Beleg dafür, dass Klausener ermordet wurde. Hinzu kam noch, dass sich, wie Koenigs berichtete, die Schussverletzungen auch am linken Hinterkopf befanden. Klausener war jedoch Rechtshänder. Außerdem besaß er keine Pistole, wie Brandenburg bestätigte. Es konnte also davon ausgegangen werden, dass Klausener ermordet wurde.

Kurt Gildisch, auf den der Verdacht des Mordes fiel, bestritt die Tat. Er sagte aus, dass er zwar am 30. Juni 1934 von Reinhard Heydrich den Befehl erhalten habe, Klausener festzunehmen und zu exekutieren. Er sei auch ins Verkehrsministerium gefahren. Als er sich gerade auf der Treppe zu Klauseners Zimmer befunden habe, sei er von einem Melder des Geheimen Staatspolizeiamtes angehalten worden, der ihm den Befehl überbrachte, sofort zum Geheimen Staatspolizeiamt zurückzufahren und sich bei dem SS-Gruppenführer Heydrich zu melden. „Diesem Befehl", so Gildisch, „folgte ich und musste dann nach Bremen fliegen und den Gruppenführer Ernst aus Bremen abholen,

64 Johannes Stumm, Abschrift der Vernehmung vom 18. 8. 1946, ebenda, Nr. 1496 (ohne Blattangabe), S. 1–3.

den ich dann am selben Abend noch nach Lichterfelde brachte, wo er in meinem Beisein erschossen wurde. Dass er erschossen werden sollte, erfuhr ich erst aus dem Munde Heydrichs, als ich ihm meldete, dass ich Ernst im Gefängnis der Geheimen Staatspolizei abgeliefert hätte. Er befahl mir, ihn nach Lichterfelde zu bringen, seiner Erschiessung beizuwohnen und ihm darüber persönliche Vollzugsmeldung zu erstatten. Es gab dann noch Schwierigkeiten, weil der Schlüssel nicht gefunden werden konnte, um die Fesseln Ernsts zu lösen, so dass er gefesselt erschossen werden musste." Am nächsten Tag habe er dann noch den Adjutanten des Obergruppenführers Edmund Heines, Oberführer Klein,[65] sowie Dr. Erwin Villain zur Erschießung in Lichterfelde abgeliefert.[66]

65 Hier handelt es sich wahrscheinlich um einen Erinnerungsfehler. Bei dem irrtümlich genannten „Klein" dürfte es sich um den SA-Standartenführer Wilhelm (Willi) Klemm handeln. Diese Anmerkung verdanke ich dem Hinweis von Rainer Orth.

66 Aussage von Kurt Gildisch vom 13. 7. 1950, LAB, B Rep. 058, Nr. 1499, Bl. 75 RS u. Bl. 76. Zu Villain bemerkte Gildisch, dass dieser „mit dem Gruppenführer Ernst zusammen wilde Gelage gefeiert habe. Bei der Überführung und Erschiessung befand er sich in einer Art Strandanzug". Als Grund für die Erschießung gab er an, „dass Villain einmal mit dem Reichsärzteführer Dr. Conti eine Auseinandersetzung gehabt und den Conti geohrfeigt habe". Vgl. ebenda, Nr. 1499, Bl. 29. Erwin Villain (1898–1934) praktizierte nach dem Medizinstudium in Berlin als Arzt und schloss sich Ende der 1920er-Jahren der NSDAP und SA an. Im November 1931 wurde er zusammen mit Leonardo Conti (1900–1945) in die Berliner Ärztekammer gewählt. Nach der Machtübernahme beteiligte sich Villain an der Ausschaltung politischer Gegner und an Maßnahmen gegen jüdische Ärzte sowie im Juni 1933 an der „Köpenicker Blutwoche", in deren Verlauf die Köpenicker SA zahlreiche Kommunisten, Sozialdemokraten und Juden ermordete. Er wurde als einer der „fürchterlichsten Sadisten" in der Stadt geschildert. Im Frühjahr eskalierte die schon länger bestehende Feindschaft zwischen Villain und Conti, weil dieser sich weigerte, Villain zum Vorsitzenden der Berliner Ärztekammer zu ernennen. Während einer Tagung von NS-Ärzten in München am 4. 3. 1934 attackierte Villain seinen Rivalen und verletzte ihn schwer.

Es setzten nun umfangreiche Ermittlungen ein, ob Gildisch zu der fraglichen Zeit in Bremen war. Vernommen wurde Martin Kirschbaum, der Adjutant von Karl Ernst. Er hatte Ernst die Urlaubsreise, die der Norddeutsche Lloyd von Bremen nach Madeira veranstaltete, vermittelt. In Bremen wurden Ernst und Kirschbaum verhaftet und zum Polizeipräsidenten gebracht. Dort nahm sie der Polizeisenator Laue in Empfang, der sich an Ernst mit den Worten wandte: „Sie Hochverräter, Sie Schwein, Sie sind auf Befehl des Führers festgenommen." Wachleute brachten die beiden in Zellen und fesselten sie. Nach einigen Stunden wurden sie wieder herausgeführt. „Als ich Ernst anrief, ‚was haben wir gemacht', erhielt ich sofort von einem SS-Posten einen Schlag ins Kreuz und ins Gesicht." Dann wurden sie in den Gefängnishof gebracht, wo ein kleiner Omnibus mit verhängten Fenstern stand. In rasender Fahrt ging es zum Flugplatz, wo sie nach der Erinnerung von Kirschbaum gegen 17 Uhr ankamen. Dort warteten ein SS-Sturmführer und etwa 8 bis 10 Männer als Begleitpersonal, ausgerüstet mit Stahlhelm und Karabiner. Der Führer des Kommandos – da war sich Kirschbaum sicher – war Kurt Gildisch. „[Auf dem Flug] zwischen Bremen und Berlin eröffnete uns Gildisch, ‚jede Unterhaltung werde mit dem Tode bestraft'. Als ich Gildisch um einen Schluck Wasser bat –, es war ein furchtbar heisser Tag und ich war infolge der ungeheuren Aufregung sehr erschöpft – lehnte der Angeklagte mir sogar diesen bescheidenen Wunsch ab."[67]

Leonardo Conti, der 1927 der NSDAP beitrat und es in der SS bis zum Obergruppenführer brachte, avancierte nach 1933 in Personalunion u. a. zum „Reichsgesundheitsführer", Chef der Reichsärztekammer und Leiter des Nationalsozialistischen Deutschen Ärztebundes sowie des Hauptamts für Volksgesundheit. Conti war in das „Euthanasie"-Programm verwickelt und wurde am 19. 5. 1945 von den Alliierten in Flensburg verhaftet. Er erhängte sich am 6. 10. 1945 in alliierter Haft in Nürnberg.

67 Aussage von Martin Kirschbaum vom 16. 5. 1951, LAB, B Rep. 058, Nr. 1493, Bl. 164 ff.

„In den späten Nachmittagsstunden“, so Gildisch in seiner Vernehmung, „etwa gegen 18 Uhr, 18 Uhr 30 traf ich mit Ernst in Berlin-Tempelhof ein und musste hier auf Betreiben des Diensttuenden Luftpolizeioffiziers mit meinem Häftling den Flugplatz verlassen, da jeden Augenblick Hitler in seinem Flugzeug landen sollte und man ein Zusammentreffen zwischen Hitler und Ernst vermeiden wollte.“ Ernst und Kirschbaum wurden zunächst zur Prinz-Albrecht-Straße und nach wenigen Minuten zur Kaserne der Leibstandarte SS Adolf Hitler in Lichterfelde gebracht, wo Gildisch Ernst dem SS-Sturmbannführer Jürgen Wagner zu übergeben hatte. Ernst wurde in ein besonderes Dienstzimmer geführt, wo er degradiert – oder wie Gildisch sich ausdrückte – „geschändet“ wurde. Bei dieser Maßnahme waren außer Wagner noch weitere höhere SS-Führer zugegen. Dann wurde ihm Ernst gefesselt übergeben mit dem Befehl, ihn nunmehr an den Exekutionsplatz zu bringen. „Bei der Erschiessung des Ernst“, so Gildisch, „bin ich Augenzeuge gewesen und möchte dazu erwähnen, dass Ernst es abgelehnt hatte, sich die Augen verbinden zu lassen. Mit den Worten: ‚Es lebe Deutschland‘ nahm Ernst seine gefesselten Hände und riss sein Hemd auseinander mit dem Bemerken: ‚Trefft gut Kameraden‘.“[68]

Kirschbaum wurde verschont. „Ich selbst wurde“, so Kirschbaum, „nach schweren Misshandlungen in Lichterfelde dort bis zum 2. Juli 1934 festgehalten und sodann in das Columbiahaus überführt, wo ich weiteren Misshandlungen ausgesetzt war. Im August wurde ich in das Staatskrankenhaus in der Scharnhorststraße verbracht. Von dort kam ich wieder in das Columbiahaus, wo ich bis März 1935 verblieb. Ich wurde schliesslich entlassen, nachdem ich ein Revers unterschreiben musste, in dem ich mich verpflichtete, über nichts zu sprechen.“[69]

Kirschbaum wurde der freiwillige Austritt aus SA und Partei nahegelegt, was er dann auch tat. Er sei ein übler „Geschäftemacher und Konjunkturritter“ – so der Vorwurf –, der nur, „um Geschäfte zu machen, der

68 Aussage von Kurt Gildisch vom 9. 9. 1949, ebenda, Nr. 1499, Bl. 14 RS.

69 Aussage von Martin Kirschbaum vom 16. 5. 1951, ebenda, Nr. 1493, Bl. 165.

Partei und SA beigetreten sei" und sich an Karl Ernst „heranmachte".[70] 1936 betrieb er seine Wiederaufnahme in SA und Partei. „Schweres Unrecht" sei ihm zugefügt worden, was ihn nun „zwinge", von seinen „Taten" während der Revolutionszeit zu berichten. Kirschbaum war im März 1919 Leiter der Nachrichtenabteilung der Streifkompanie „Kessel" und als solcher maßgeblich an der Festnahme von Karl Radek und Leo Jogiches sowie an der Erschießung des Führers der Volksmarinedivision Heinrich Dorrenbach beteiligt.[71] Für die ermittelnden Beamten im Fall Klausener waren aber vor allem die Zeitangaben von Kirschbaum von Interesse. Demnach war Gildisch zum Zeitpunkt der Ermordung nicht in Bremen, er hätte also die Tat begangen haben können. Der Tatverdacht gegen ihn erhärtete sich. Am 24. August 1950 wurde Haftbefehl erlassen,[72] Gildisch kam in Berlin-Moabit in Untersuchungshaft. Zugleich wurden umfangreiche Ermittlungen zu seiner Person angestellt.

2. Der Lebensweg von Gildisch

Kurt Gildisch wurde am 2. März 1904 in Potrempschen (Ostpreußen) als viertes Kind des Lehrers Paul Gildisch und seiner Ehefrau Marie geboren. Vom 6. bis zum 14. Lebensjahr besuchte er dort die Volksschule und anschließend ein Lehrerseminar in Kaalene/Insterburg. Die Lehrerprüfung legte er 1924 ab. Da er keine Möglichkeit fand, den gewünschten Beruf auszuüben, bewarb er sich bei der Schutzpolizei in Insterburg und wurde am 2. Januar 1925 zur Polizeischule nach Sensburg einberufen. Am 1. Oktober 1925 kam er nach Berlin, wo er in verschiedenen

70 Vgl. Bericht des Geheimen Staatspolizeiamtes an die oberste SA-Führung in Berlin vom 27. 9. 1934, BDC/SA, Personalakte Martin Kirschbaum, 19. 7. 1888, BArch, R 9361 III/568159, Bl. 13 RS.

71 Vgl. Bernhard Sauer, Zur politischen Haltung der Berliner Sicherheitspolizei in der Weimarer Republik, in: Zeitschrift für Geschichtswissenschaft (ZfG) 53 (2005) 1, S. 29 f.

72 Vgl. LAB, B Rep. 058, Nr. 1499, Bl. 106.

Berlin-Grunewald, Appell der SS-Gruppe Ost im Deutschen Stadion am 13. August 1933. SS-Führer Josias Prinz zu Waldeck und Pyrmont als SS-Brigadeführer (3. von links), SS-Oberführer mit Ärmelband „Ost", Kurt Gildisch (2. von rechts), links: ein SA-Führer

BArch, Bild 102-02486 / Foto: Georg Pahl

Revieren Polizeidienst versah. Wegen nationalsozialistischer Umtriebe, insbesondere Betätigung in nationalsozialistisch ausgerichteten Beamtenverbänden, wurde er im März 1931 fristlos entlassen. Direkter Anlass soll das Singen tendenziöser Lieder in Polizeikasernen gewesen sein.[73] Zweimal wurde Gildisch bestraft, am 12. Juni 1931 vom Amtsgericht Berlin-Mitte wegen öffentlicher Beleidigung zu 50,– RM Geldstrafe oder 10 Tagen Gefängnis und am 13. April 1932 vom Amtsgericht München wegen Widerstandes zu 30,– RM Geldstrafe oder 6 Tagen Haft.[74] Beide Straftaten hatten einen politischen Hintergrund.

73 Vgl. Hsi-Huey Liang, Die Berliner Polizei in der Weimarer Republik, Berlin/New York 1977, S. 185.

74 Vgl. Urteil des Schwurgerichts bei dem Landgericht Berlin vom 18. 5. 1953, LAB, B Rep. 058, Nr. 1496 (ohne Blattangabe), S. 4.

Noch im Jahr 1931 trat Gildisch der NSDAP (Mitgliedsnr. 690 762) bei. Nachdem er kurzzeitig der SA angehört hatte, trat er Ende 1931 auch in die SS (Mitgliedsnr. 13 138) ein, die in Berlin von Kurt Daluege aufgebaut wurde. In dieser Zeit lebte er von Gelegenheitsarbeiten bzw. der Arbeitslosenunterstützung. Im Frühjahr 1932 gehörte er zum „Beschattungsdienst“, der im Hotel Kaiserhof zur Sicherheit Adolf Hitlers eingerichtet war. Bald darauf wurde er durch Fürsprache des späteren SS-Obergruppenführers Kurt Daluege dem Begleitkommando „Adolf Hitler“, der persönlichen Leibwache Hitlers, unterstellt, wo er zunächst seinen Dienst in Zivil, später in Uniform versah.[75] Am 11. April 1933 wurde er mit der Führung des Begleitkommandos beauftragt. Die Beförderung zum SS-Hauptsturmführer erfolgte bereits am 9. November 1933.

Vom 10. Juni 1934 bis zum 1. Oktober 1934 wurde Gildisch zur informatorischen Ausbildung bei der Leibstandarte SS Adolf Hitler abkommandiert, die etwa 600 Mann umfasste. Er versah seinen Dienst hauptsächlich in der ehemaligen preußischen Kadettenanstalt in Berlin-Lichterfelde, wo nun die Leibstandarte stationiert war. Deren Leiter Sepp Dietrich erklärte, dass Gildisch wegen Trunkenheit „aus dem Begleitkommando herausgeflogen war“.[76] Gildisch selber sah sich als Opfer von Intrigen. „Als Führer des Begleitkommandos wurde ich entlassen infolge von Umtrieben in der Umgebung Hitlers, der auch vor mir schon Begleitkommando-Führer zum Opfer gefallen waren. Hauptsächlich ging dies auf den Adjutanten Schaub zurück. Auf Schaub und weiter auf Bormann ging nach meiner Auffassung auch das ganze Intrigenspiel zurück, das zur Isolierung Hitlers und zu dem System falscher Berichterstattung führte, das seinesgleichen suchte.“[77] Am 4. Juli 1934, also wenige Tage nach dem 30. Juni 1934, wurde Gildisch zum SS-Sturmbannführer befördert – offenbar wegen seiner „Verdienste“

75 Vgl. ebenda, S. 3 f.

76 Aussage von Sepp Dietrich vom 23. 4. 1951, ebenda, Nr. 1493, Bl. 139.

77 Aussage von Kurt Gildisch vom 13. 7. 1950, ebenda, Nr. 1499, Bl. 74 RS.

bei der Niederschlagung der „Röhm-Revolte".[78] Nach Abschluss des Lehrganges bei der Leibstandarte wurde er nach Dresden als Adjutant des SS-Abschnitts II versetzt, wo er bis Oktober 1934 verblieb. Danach wurde er Führer eines Sturmbannes der 48. SS-Standarte in Leipzig.

In dieser Zeit kam es zu einem folgenschweren Zwischenfall. In der Nacht vom 5. zum 6. Dezember 1935 weilten Gildisch und der Nationalsozialistische Kraftfahrkorps (NSKK)-Oberscharführer Huck in den CT (Central Theater)-Betrieben als Gäste. Gildisch trug die Uniform eines SS-Sturmbannführers, Huck Zivilkleidung. Gegen Mitternacht kam es zwischen Gildisch und dem Kellner, der ihn bediente, zu einem Streit. Gildisch wollte von den oberen in die unteren Räume gehen, und der Kellner forderte nunmehr die Bezahlung, da die unteren Räume nicht zu seinem Bereich gehörten. Gildisch fertigte dieses Verlangen mit den Worten ab: „Seien Sie froh, daß ich Sie nicht in den Arsch trete", bezahlte dann aber schließlich doch.[79]

Gegen 2.45 Uhr gingen Gildisch und Huck wieder in die „Hafenschänke" im 1. Stock, in der der Kellner Landgraf bediente. Dort hielt sich auch der Rechtsanwalt Wartig auf, der im Range eines SA-Sturmführers Rechtsberater der SA-Brigade 35 Leipzig war. Gegen 3 Uhr wurde Polizeistunde geboten, Gildisch und Huck machten aber keinerlei Anstalten aufzubrechen. Daraufhin kam der Nachtportier und erklärte, dass bereits Polizei im Hause sei, woraufhin Gildisch äußerte: „Knofe [der Leipziger Polizeipräsident] kann uns am Arsche lecken."

Als nunmehr der Kellner Landgraf zu Gildisch sagte: „Sturmbannführer, seien Sie vernünftig", schrie dieser ihn an: „Ach Scheiß, Polizei, was wollen Sie denn?" Im gleichen Augenblick stürzte sich Huck auf den Kellner und schlug ihm mit der Faust ins Gesicht. Wartig hatte den Vorfall beobachtet. Er sagte zu Huck: „Kamerad, was Sie jetzt getan haben,

78 So das Urteil des Schwurgerichts beim Landgericht Berlin vom 18. 5. 1953, LAB, B Rep. 058, Nr. 1496 (ohne Blattangabe), S. 4.

79 Anklage des Oberstaatsanwalts beim Landgericht Leipzig gegen Kurt Gildisch vom 7. 5. 1936, Ermittlungsergebnis, ebenda, Nr. 1493, Bl. 85 f.

war eine Frechheit!" und veranlasste Landgraf, die SA-Brigade anzurufen. Die Auseinandersetzungen setzten sich im Vorraum zu den CT-Betrieben fort. Dort rief Gildisch: „Ja, holt nur Knofe, dem schlage ich auch ein paar in die Fresse." Der Wirtschaftsdirektor Mürs bat nun den in Uniform anwesenden Hauptstellenleiter der Reichsleitung der Deutschen Arbeitsfront (DAF), Walter Rentmeister, auf Gildisch beruhigend einzuwirken. Doch Gildisch wurde ausfällig, woraufhin Rentmeister ihm im Befehlston zurief: „Im Namen der Bewegung, zu deren alter Garde ich gehöre, befehle ich Ihnen, das Ehrenkleid, das Sie tragen, zu achten und sich bewusst zu sein, dass Sie durch Ihr unmögliches Benehmen die Würde und Ehre der Bewegung verletzen. Sie gehen daher sofort nach Hause." Der Gemaßregelte war einige Sekunden wie erstarrt, dann versuchte er sich auf Rentmeister zu stürzen. Nur mit Mühe konnte er zurückgehalten werden. Dabei rief er: „Du Schwein von der PO. Wenn Du auch von der Reichsleitung bist, mit Dir werde ich auch noch fertig."[80]

Die lautstarken Auseinandersetzungen in der Eingangshalle zu den CT-Betrieben hörten auch Passanten auf der Straße, die den Auftritt mit den Worten wie „Seht einmal, das sind unserer Führer" kommentierten. Gildisch und Huck gingen schließlich auf die Straße, wo sich der Streit fortsetzte. Einige Passanten forderten, die Polizei zu holen, woraufhin Gildisch weithin vernehmbar brüllte: „Holt Euern Knofe her, dem hauen wir auch noch ein paar in die Fresse." Als dann tatsächlich kurze Zeit später die Polizeibeamten Pampel und Pilz erschienen, rief Gildisch ihnen zu: „Ihr Arschlöcher habt mir gar nichts zu sagen!" Gildisch weigerte sich, den Polizeibeamten wie auch dem Rechtsanwalt Wartig seinen Namen zu nennen. Da vorauszusehen war, dass Gildisch heftigen Widerstand leisten werde, verzichteten die Beamten auf eine Zuführung. Außerdem erklärte Huck einem der Polizisten, der Sturmbannführer heiße „Gunst". Walter Gunst war der in Leipzig bekannte SS-Obersturmbannführer und Kommandeur der 48. SS-Standarte „Elbe".[81]

80 Ebenda, Bl. 86 f.

81 Ebenda, Bl. 88 f.

Gildisch begab sich nun mit einem nicht ermittelten Mann zu seinem Personenkraftwagen, den er in der Gottschedstraße geparkt hatte. Der Wagen gehörte dem SS-Sturm 1/48. Ohne die Beleuchtung anzustellen, fuhr der volltrunkene Gildisch ab und kollidierte bei dem Versuch auszuparken mit einem anderen Fahrzeug. Im Zickzackkurs ging es weiter. Schon nach wenigen 100 Metern rammte er ein Verkehrsschild und riss es um. Durch den Aufprall wurden die Stoßstange und der Kühlerboden stark eingedrückt, sodass der Pkw nicht mehr fahrbereit war. Gildisch und der Unbekannte ließen den Wagen auf der Straße stehen und entfernten sich, sodass der Verkehr gefährdet und behindert wurde. Auf Veranlassung der Polizei wurde der Wagen dann von der Feuerwehr abgeschleppt.[82]

Wegen Beleidigung seiner Person und der Polizeibeamten stellte Polizeipräsident Oskar Paul Knofe Strafantrag gegen Gildisch, ebenso Walter Rentmeister. Ferner wurde Gildisch wegen Übertretung der Straßenverkehrsordnung angeklagt. Die Verhandlung fand vor der 38. großen Strafkammer des Landgerichts Leipzig statt. Gildisch bestritt seine Schuld. Die Beleuchtung sei erst durch den Aufprall an das unbeleuchtete und daher nicht zu bemerkende Verkehrsschild ausgefallen. Auch habe er sofort alle Schritte unternommen, um den Wagen abschleppen zu lassen. Ebenso bestritt Gildisch die ihm zur Last gelegten Äußerungen. Mit dem Kellner Landgraf sei er auch nur deshalb in Streit geraten, weil dieser gesagt habe: „Na, Ihr Scheißkerle von der SS!“ Dies sei der Anlass gewesen, dass Huck dem Landgraf eine Ohrfeige gegeben habe. Huck und Gildisch hätten sich danach nur gegen die angreifenden Gäste und Angestellten gewehrt.[83]

82 Vgl. ebenda, Bl. 90.

83 Vgl. ebenda, Bl. 89. Als Grund für seinen Ärger über den Polizeipräsidenten Knofe gab Gildisch später bei seiner Vernehmung im Fall Klausener an, „Knofe war kein Parteigenosse und stand mit der SS in scharfem Kampfe, die eine Vereinigung der Polizeigewalt mit der SS unter ihrer Führung anstrebte, woraufhin es laufend zu Zusammenstößen zwischen der örtlichen SS-Führung und dem Polizei-Präsidenten kam.“ Aussage von Kurt Gildisch vom

Landgraf, seit 1932 selbst NSDAP-Mitglied und NSKK-Sturmmann, bestritt entschieden, so etwas gesagt zu haben. Das Gericht war überzeugt, dass die Äußerung über die SS nicht gefallen war, da keiner der Anwesenden sich daran erinnern konnte. Auch sonst wertete das Gericht die Einwände des Angeklagten durch zahlreiche Zeugenaussagen als widerlegt und verurteilte ihn am 2. Dezember 1936 zu fünf Monaten Gefängnis.[84] Die Haftstrafe verbüßte Gildisch im Juli/August 1937 in der Haftanstalt Berlin-Moabit. Am 18. Mai 1936 war er bereits durch eine Anordnung des Gauleiters aus der NSDAP ausgeschlossen worden. Mit Verfügung des Reichsführers SS wurde er am 3. Juni 1936 zum SS-Mann degradiert und aus der Schutzstaffel ausgeschlossen. Nach seiner Entlassung aus Moabit war er ein Jahr bei der I.G. Farben und anschließend bei der Groß-Einkaufsgenossenschaft in Berlin-Lichterfelde beschäftigt. Am 8. Juli1939 heiratete Gildisch Herta George. Die Ehe wurde am 30. März1949 geschieden.[85]

Bei Beginn des Krieges stellte sich Gildisch sofort freiwillig der SS zum Zwecke seiner Rehabilitierung zur Verfügung. Sein Eintritt erfolgte am 1. November 1939. Am 2. Januar 1940 wurde er der Bewährungseinheit „Der verlorene Haufen" überwiesen.[86] Dort führte er sich zur Zufriedenheit seiner Vorgesetzten, sodass der zuständige Divisions-Kommandant seine Wiederaufnahme in die Schutzstaffel befürwortete.

13. 7. 1950, ebenda, Nr. 1499, Bl. 74 RS. Auch diese Behauptung war falsch. Wie die weiteren Recherchen ergaben, war Knofe am 1. 4. 1933 in die NSDAP eingetreten (Mitgliedsnummer: 1738044). 1939 wurde er Befehlshaber der Ordnungspolizei Posen und 1941 SS-Brigadeführer und Generalmajor der Polizei. Vgl. Georg Wilhelm, Die Diktaturen und die evangelische Kirche. Totaler Machtanspruch und kirchliche Antwort am Beispiel Leipzigs 1933–1958, Göttingen 2004, S. 555.

84 Urteil der 38. Großen Strafkammer des Landgerichts Leipzig vom 2. 12. 1936, LAB, B Rep. 058, Nr. 1493, Bl. 80.

85 Vgl. Aussage von Kurt Gildisch vom 9. 9. 1949, ebenda, Nr. 1499, Bl. 13 RS u. Bl. 14.

86 Vgl. Ermittlungen des Polizeipräsidenten in Berlin vom 3. 3. 1951, ebenda, Nr. 1493, Bl. 19 VS u. RS.

Diesem Antrag wurde zwar nicht stattgegeben, im Hinblick auf seine Bewährung wurde Gildisch jedoch weiterhin als SS-Unterscharführer in der Waffen-SS belassen. Die endgültige Wiederaufnahme in die Allgemeine SS sollte erst erfolgen, wenn die Kanzlei des Führers seinem neuerlichen Eintritt in die Partei zustimmen würde. Den entsprechenden Antrag stellte Gildisch am 2. Februar 1942. Der Reichsführer SS befürwortete sein Gnadengesuch und hob die „großen Verdienste“ hervor, die der Antragsteller sich „durch seinen tatkräftigen Einsatz für die Bewegung“ erworben habe. Außerdem habe Gildisch inzwischen an einem Führerlehrgang der SS-Junkerschule Bad Tölz teilgenommen und sei „dort auf Grund seiner ausgezeichneten Leistungen zunächst zum SS-Oberscharführer befördert und dann zum SS-Untersturmführer a. Res. ernannt worden“.[87] Die Parteikanzlei lehnte jedoch das Gesuch zu diesem Zeitpunkt ab und schlug vor, eine erneute Prüfung der Gnadenwürdigkeit des Antragstellers bis nach Kriegsende zurückzustellen.[88]

Gildisch beteiligte sich zunächst am Westfeldzug. Dort wurde erneut ein Disziplinarverfahren gegen ihn eingeleitet, nachdem er in angetrunkenem Zustand in einem französischen Lokal in Streit mit einigen Gästen geraten war. Da er sich bedroht fühlte, legte er demonstrativ seine Pistole auf den Tisch und nahm einem Gast die Aktentasche ab. Gegenüber dem herbeigerufenen Feldgendarmen, später auch gegenüber einem SS-Stabsscharführer und schließlich einem Leutnant der Wehrmacht weigerte er sich, Angaben zu seiner Person zu machen, da er sich seiner Meinung nach Unterführern gegenüber nicht auszuweisen brauche. Erst nach mehrmaligem Auffordern ging er dann mit zur Wache. Das Verfahren wurde schließlich eingestellt.

Ab 1942 nahm Gildisch am Krieg gegen die Sowjetunion teil. Er gehörte vom 1. Februar 1942 bis zum 15. September 1943 der SS-Panzer-

87 Der Reichsführer-SS vom 2. 2. 1942 an die Kanzlei des Führers der NSDAP. Hauptamt für Gnadensachen, ebenda, Bl. 72 f.

88 Kanzlei des Führers der NSDAP vom 5. 6. 1942, ebenda, Bl. 79 f. Die Blattangabe ist nicht genau lesbar.

grenadier-Division „Totenkopf“ an.[89] Am 24. Juni 1942 fiel Gildisch erneut auf, als er– in leicht alkoholisiertem Zustand – Unteroffiziere und Soldaten als „faule Schweine“ und als „Saubataillon“ beschimpfte, weil diese seiner Aufforderung, ein im Sumpf stecken gebliebenes Kraftfahrzeug freizubekommen, nicht nachkamen. Als die Unteroffiziere erklärten, vor einer Hilfeleistung müssten sie erst die Entscheidung ihrer Offiziere einholen, wurde Gildisch erneut ausfällig

Als Untersturmführer gehörte er seit 1944 der SS-Division „Nordland“ an. Im August 1944 wurde er bei Kampfhandlungen verwundet. Nach Lazarett-Aufenthalten in Krakau und Berlin diente er bis Ende des Krieges wieder in der Division „Nordland“. Am 2. Mai 1945 geriet er bei den Kämpfen um Berlin in russische Gefangenschaft, aus der er bereits im August 1946 entlassen wurde. Nach der Rückkehr aus der Gefangenschaft musste er sich das rechte Bein, das nach der Verwundung nicht richtig ausgeheilt war, amputieren lassen.[90] Nach Aussage von Gildisch führte die Beinverletzung zu zwölf Operationen und drei Blutübertragungen. Er war längere Zeit arbeitsunfähig, erhielt dann eine Ausbildung als Buchbinder im Sozialwerk der evangelischen Kirche.[91] Am 18. Juli 1949 heiratete er ein zweites Mal. Kinder gingen aus beiden Ehen nicht hervor.

3. Die Verfahren gegen Gildisch vor dem Landgericht Berlin

Während seiner Ausbildung bei der Leibstandarte SS „Adolf Hitler“ in Berlin-Lichterfelde war Gildischs Vorgesetzter der SS-Oberstgruppenführer Sepp Dietrich. Die Staatsanwaltschaft in Berlin ging davon aus,

89 Vgl. Ermittlungen des Polizeipräsidenten vom 3. 3. 1951, LAB, B Rep. 058, Nr. 1493, Bl. 19 RS.

90 Vgl. Schwurgerichtsanklage des Generalstaatsanwalts beim Landgericht Berlin vom 30. 1. 1951, ebenda, Nr. 1493, Bl. 4 RS.

91 Vgl. ebenda, Nr. 1498, Bl. 10.

dass Dietrich Kenntnis von der Tat haben musste, falls Gildisch den Mord an Klausener ausgeführt hat, und stellte bei dem Generalstaatsanwalt in München den Antrag, diesen zu vernehmen. Sepp Dietrich saß wegen Ermordung von sechs SA-Führern während des „Röhm-Putsches" in Landsberg im Kriegsverbrecher-Gefängnis. „Dietrich", so der Generalstaatsanwalt in München, „will glauben machen, dass er von den Vorbereitungen der Mordaktion keine Kenntnis, auch niemals einen Mordauftrag erhalten habe. Die Angaben des Gildisch könnten die Einlassung des Beschuldigten Dietrich widerlegen."[92] Er billige deshalb ausdrücklich die Vernehmung des Dietrich, wenn auch aus Sicherheitsgründen nur durch einen Richter in Landsberg.

Dietrich betonte bei seiner Vernehmung, dass die Leibstandarte eine „ordentliche und saubere Truppe" gewesen sei und keine direkte Verbindung zur Gestapo und den Totenkopfverbänden gehabt habe. Sie habe persönlich dem „Führer" unterstanden und nicht dem Reichsführer SS. „Schon dadurch" sei das Verhältnis reserviert gewesen. Mit Heydrich, der nach Ansicht von Dietrich klüger und zielbewusster war als Himmler, habe er kaum zehn Worte gesprochen. Auch seien ihm damals schon die Vernehmungspraktiken der Gestapo bekannt gewesen, „die ich missbilligte und zu denen weder ich noch die Leibstandarte Beziehungen hatte". Demzufolge wurde die Leibstandarte auch nicht „zur Bekämpfung der wegen der Ereignisse des 30. Juni verfolgten Personen zugezogen".

Er selber sei auf Befehl des Kriegsministeriums am 29. Juni mit zwei Kompanien der Leibstandarte mit dem Schnellzug nach Landsberg geschickt worden. Er habe zunächst gedacht, dass er lediglich die von Hitler selbst anberaumte SA-Führertagung in Wiessee sichern sollte. In Landsberg sei er dann „plötzlich" nach Wiessee befohlen worden. Da er aber dort niemanden antraf, sei er wieder nach München gefahren, wo er nur mit Mühe ins braune Haus gelangen konnte. „Dort erteilte

92 Der Generalstaatsanwalt in München am 3. 11. 1949 an den Generalstaatsanwalt bei dem Landgericht Moabit, ebenda, Nr. 1495, Bl. 58a u. 60.

mir der Führer zu meiner Überraschung den Befehl, ein Kommando von einem Offizier und 6 Unteroffizieren ins Gefängnis Stadelheim zu schicken, um dort die SA-Führer Röhm, Heines usw. zu erschiessen, angeblich wegen Landesverrats. Nach Grund und Zusammenhängen zu fragen, hatte ich weder Gelegenheit noch Lust, da Hitler unnahbar war."

In Stadelheim aber wollte der Gefängnisdirektor allein auf einen mündlichen Führerbefehl hin die Gefangenen nicht herausgeben. Auf fernmündliche Rückfrage bei Rudolf Heß sei er wieder nach München berufen worden, sein Kommando habe er aber in Stadelheim gelassen. In München sei ihm dann mitgeteilt worden, dass der bayerische Justizminister Hans Frank bereits in Stadelheim sei und die Anordnungen selber treffe. Aus „Interesse" sei er doch wieder nach Wiessee gefahren und habe dort gesehen, „dass die Polizei mein Exekutionskommando übernommen hatte, das dann auch die Erschiessungen vornahm. Wenn ich zum Anfang an gewusst hätte, was los war, hätte ich mich sehr gesträubt, diesen Auftrag anzunehmen, da unter den Todeskandidaten auch mein alter Kamerad Schneidhuber war". Nach seiner Rückkehr nach Berlin habe er weder mit Heydrich noch mit sonst jemandem von der Gestapo über „diese Sachen" gesprochen und „habe daher von den Ereignissen nicht mehr erfahren als jeder andere auch". Deshalb sei es ihm auch nicht möglich, über die Rolle Gildischs in dieser Angelegenheit Auskunft zu geben. Doch könne das Sicherheitskommando, das Gildisch auf Befehl Heydrichs zum Geheimen Staatspolizeiamt und von da ins Verkehrsministerium begleitete, weder das Führerbegleitkommando gewesen noch von der Leibstandarte abgezogen worden sein.[93]

Weiterhin sagte Dietrich aus, dass Gildisch kein schlechter Polizeibeamter gewesen sei, jedoch „furchtbar leichtsinnig und dem Trunke ergeben". Seine Angaben seien mit großer Vorsicht zu werten, da er von jeher zur Aufschneiderei neige: Er sei immer etwas großsprecherisch

93 Aussage von Sepp Dietrich vom 26. 9. 1950, ebenda, Nr. 1493, Bl. 141 RS u. Bl. 142.

gewesen und habe sich wichtigmachen wollen. Ihm, Dietrich, sei es eigenartig vorgekommen, dass sich Heydrich gerade Gildisch ausgesucht hat, nachdem dieser aus dem Begleitkommando „geflogen" war. Erst recht halte er es für unwahrscheinlich, dass die Gestapo „ausgerechnet" Gildisch beauftragt hat, den SA-Führer Ernst aus Bremen abzuholen und nach Lichterfelde zu bringen. Der Gestapo hätten genügend andere Leute zur Verfügung gestanden. Er selber habe zu keiner Zeit die Befehlsgewalt über Gildisch ausgeübt. Er halte es für möglich, „dass Gildisch von den Vorgängen im Verkehrsministerium nur deshalb erzählt hat, um sich wichtig zu machen, dass er aber in Wirklichkeit mit der Sache gar nichts zu tun gehabt hat".[94]

Dies sei alles, was er zur Sache beitragen könne, „da die Ereignisse des 30. Juni 1934 für mich eine fremde Angelegenheit waren, zu der ich keinerlei Beziehungen [...] hatte".[95] Dietrichs Aussagen führten im Fall Klausener zu keinerlei neuen Erkenntnissen, sind aber aus historischer Sicht überaus interessant. Dietrich benutzte die Gelegenheit, vor allem seine eigene Nichtbeteiligung an der Niederschlagung des „Röhm-Putsches" herauszustellen.

Aufschlüsse über die Tätigkeit der Geheimen Staatspolizei während des „Röhm-Putsches" erhofften sich die ermittelnden Beamten aus der Vernehmung des Kriminalrats a. D. Lothar Wandel. Otto Frey hatte in seiner Vernehmung darauf hingewiesen, dass Wandel damals Kriminalkommissar bei der Gestapo gewesen sei.[96] Hatte er Kenntnisse über die internen Vorgänge innerhalb der Gestapo während des „Röhm-Putsches? Konnte er womöglich sagen, wer der unbekannte Zivilbeamte der Gestapo war, der den SS-Hauptsturmbannführer begleitete?

Wandel sagte aus, dass er im Geheimen Staatspolizeiamt unter der Leitung des Kriminalrates Reinhold Heller in der Abteilung IIa gearbeitet habe, deren Arbeitsgebiet die Bekämpfung des Kommunismus

94 Aussage von Sepp Dietrich vom 23. 4. 1951, ebenda, Bl. 139 RS, Bl. 140.

95 Aussage von Sepp Dietrich vom 26. 9. 1950, ebenda, Bl. 143.

96 Vgl. Aussage von Otto Frey vom 1. 9. 1949, ebenda, Nr. 1499, Bl. 161 RS.

war. „Als im März d. Jahres 1934 der damalige Chef des Geheimen Staatspolizeiamtes, Diels, durch Heydrich abgelöst wurde, wurden alle ordentlichen älteren Berufs-Kriminalbeamten in Außenstellen versetzt und größtenteils durch ungelernte SD.-Leute ersetzt. Ich entging als einziger dieser Maßnahme, weil ich mich infolge eines Verkehrsunfalls im Krankenhaus befand."

Seinen Dienst habe er erst am 2. Juli 1934 wieder angetreten, sodass er während der Ereignisse des 30. Juni nicht anwesend gewesen sei. Doch auch, wenn er im Dienst gewesen wäre, hätte er nichts Näheres erfahren können, da Parteiangelegenheiten von der im oberen Stockwerk untergebrachten Abteilung II H bearbeitet wurden, die unter der Leitung des SS-Untersturmführers und Kriminalrats Josef Meisinger[97] stand, den Himmler bei der Ablösung von Rudolf Diels persönlich mitgebracht hatte. Die dort beschäftigten Personen seien fast ausschließlich SD-Leute gewesen. Jeder Einblick in die Tätigkeit dieser Abteilung sei unmöglich gewesen, sie habe in völliger Abgeschiedenheit gearbeitet. Aber auch in den anderen Abteilungen seien alsbald SD-Leute aufgetaucht, „so daß man nie genau wußte, ob man nicht selbst beobachtet wurde. Auf dieser Linie lag es auch, daß Heydrich bei seinem Amtsantritt als Erstes in die Hausfernsprechanlage einen Überwachungsschrank hatte einbauen lassen, der in seinem Zimmer aufgestellt wurde". Daher habe eine ständige Unsicherheit im Dienstbetrieb geherrscht.

In dieser „abgeschlossenen und undurchsichtigen Weise" sei dann auch die Aktion des 30. Juni 1934 durchgeführt worden, wobei den alten Kriminalbeamten bei solchen Aktionen äußerst unbehaglich zumute gewesen sei, „weil wir immer damit rechneten, daß man sie auch gegen uns richtete". Mit dieser Befürchtung hätten sich seine Kollegen

97 Josef Meisinger war es auch, der am 24. Juni 1934 Erich Klausener auf dem Katholikentag in Berlin observierte. Er meldete Heydrich, dass Klausener „staatsfeindliche Äußerungen" von sich gegeben habe, worauf Heydrich Klausener auf eine Todesliste von NS-Gegnern setzte.

auch erklärt, weshalb sie nichts Genaues erfahren konnten, was in der über ihnen gelegenen Abteilung vor sich gegangen war. Er selber habe zumindest einen kleinen Einblick gehabt, da er den in der Abteilung II H beschäftigten Kriminalangestellten Christian Brüder Scholz persönlich kannte, der ebenfalls von Himmler für den Dienst abgestellt worden sei. Von Brüder Scholz habe er erfahren, „daß diejenigen der bei der Aktion des 30. Juni 1934 beteiligten Gestapo-Beamten, die als nicht zuverlässig oder verschwiegen galten, […] kurze Zeit danach auf Umwegen über auswärtige Kommandos ins Konzentrationslager Dachau kommandiert und dort kurzerhand erschossen wurden".

Zur Charakterisierung der Atmosphäre in der Gestapo schilderte Wandel noch folgenden Vorfall: „Etwa eine Woche vor seiner Entlassung hatte mich Dr. Diels zusammen mit etwa 8 Kollegen zu einem Abend eingeladen und uns seine uns bis dahin noch unbekannte Entlassung angekündigt. Aus diesem Grunde sind wir dann, wahrscheinlich infolge Verrates, auf Veranlassung Himmlers und Heydrichs unter dem Verdacht irgendwelcher Verschwörung verantwortlich vernommen worden, woraufhin ich umsoweniger Möglichkeit hatte, mich nach meinem Dienstantritt nach meiner Krankheit für die Tätigkeit der Abteilung II zu interessieren. Das war ein heißes Eisen." Dr. Klausener kenne er natürlich, da dieser in seiner früheren Stellung als Leiter der Polizeiabteilung im Preußischen Innenministerium sein Vorgesetzter war und auch seine Anstellungsurkunde unterzeichnet habe. Dagegen sei ihm der Name Gildisch überhaupt nicht bekannt. Auch den Kriminalsekretär Ernst, der den Totenschein von Klausener unterschrieben hat, kenne er nicht. Doch vermute er, dass Ernst derjenige sei, der zusammen mit Gildisch den Auftrag Heydrichs ausgeführt hat.[98]

Für diese Vermutung fanden die Ermittlungsbeamten keine weitere Bestätigung. Ansonsten waren die Ausführungen Wandels recht allgemein. Er verschwieg zudem wesentliche Fakten. Seine Aussagen

98 Aussage von Lothar Wandel vom 16. 10. 1950, LAB, B Rep. 058, Nr. 1499, Bl. 202, RS, 203.

erwecken den Eindruck, dass er im Gegensatz zur SS stand. Tatsächlich war er nicht nur seit 1. März 1933 NSDAP-Mitglied (Nr. 1 550 357),[99] sondern auch der SS (Nr. 51 603). Als SS-Sturmbannführer nahm er beim Kommandeur der Sicherheitspolizei in Krakau seinen Dienst in der Abteilung IV der Gestapo auf und war dann im März 1941 im besetzten Polen als Leiter Gestapo in Radom bis Dezember 1944 tätig. Im Juni 1947 war er im britischen Internierungslager Eselheide inhaftiert. Er wurde aber nicht an Polen ausgeliefert, sodass er dort nicht wegen seiner damaligen Tätigkeit als SS-Sturmbannführer angeklagt werden konnte. Die Spruchkammer Bielefeld verurteilte ihn am 8. Juli 1947 in einem Entnazifizierungsverfahren zu fünf Jahren Haft. Unter Anrechnung der Internierungszeit wurde die Haftzeit in einem Folgeverfahren auf drei Jahre und 6 Monate reduziert.[100]

3.1 Der Prozess vor dem Schwurgericht bei dem Landgericht Berlin vom 21. Mai 1951

Die Vernehmungen von Dietrich und Wandel im Fall Klausener förderten einige historische Details zutage, führten aber zu keinen neuen gerichtsrelevanten Erkenntnissen. Dennoch war die Staatsanwaltschaft zuversichtlich. Dies lag insbesondere daran, dass der Zeuge Guder den Angeklagten nach Gegenüberstellung einwandfrei als jenen SS-Führer wiedererkannte, der am 30. Juni 1934 mit dem ihn begleitenden Zivilbeamten der Gestapo das Zimmer von Klausener betrat.[101] Am 30. Januar 1951 hatte der Generalstaatsanwalt die Anklage formuliert und beantragt, die Hauptverhandlung vor dem Schwurgericht des Landgerichts

99 Vgl. NSDAP-Gau-Karteikarte Lothar Wandel, 10. 1. 1902, BArch, R 9361 IX KARTEI/46900256.

100 Vgl. https://marjorie-wiki.de/wiki/Lothar Wandel.

101 Vgl. Aussage von Gustav Guder vom 7. 11. 1950, LAB, B Rep. 058, Nr. 1499, Bl. 224.

Berlin zu eröffnen. In der Anklageschrift bezeichnete der Staatsanwalt die Einlassungen von Gildisch in vollem Umfang als widerlegt. Er warf dem Angeklagten unter Berufung auf das Alliierte Kontrollgesetz Nr. 10 ein Verbrechen gegen die Menschlichkeit vor. Eine Anklage wegen Mordes wurde nicht erhoben, sodass es auch nicht nötig war festzustellen, ob die Tatbestandsmerkmale des Mordes erfüllt waren.

Kurz vor der Verhandlung wartete Gildisch mit einer Überraschung auf: Gegenüber seinem Verteidiger Paul Ronge machte er ein Geständnis und bat ihn, dieses in der Hauptverhandlung vorzutragen. Als Grund für seinen Sinneswandel gab er an, „der Familie des Getöteten nunmehr endgültig volle Gewißheit über die Frage zu verschaffen, ob Dr. Klausener seinerzeit ermordet oder durch Selbstmord aus dem Leben geschieden sei".[102] „Von diesem Druck der Ungewißheit", so der Anwalt, „über die letzten Minuten des Toten wollte der Angeklagte die Familie befreien. Mit dieser Begründung auch hat er mich eines Tages im Gefängnis mit der Erklärung überrascht, daß er sich entschlossen habe, sein bisheriges Bestreiten aufzugeben und nunmehr eine Schilderung des Tattages zu geben."[103]

Gildischs Darstellung zufolge hat sich am 30. Juni 1934 Folgendes ereignet: Am 29. Juni 1934 befand sich die SS in Berlin in Alarmbereitschaft. Am Vormittag des 30. Juni 1934 erhielt Gildisch von Sturmbannführer Wagner, der ein Bataillon der Leibstandarte SS Adolf Hitler in Berlin-Lichterfelde führte, den Auftrag, sich mit 18 SS-Männern bei dem Geheimen Staatspolizeiamt in der Prinz-Albrecht-Straße einzufinden und sich dort bei dem Chef des Gestapa, SS-Gruppenführer Heydrich, zu melden. Im Zimmer von Heydrich befand sich noch ein Gestapo-Beamter in Zivil. Diesem gab Heydrich im Beisein von Gildisch eine Liste mit 16 Namen mit dem Auftrag, die auf dem Blatt genannten Personen zusammen mit Gildisch und einem Kommando

102 Vgl. Urteil des Schwurgerichts beim Landgericht Berlin vom 24. 5. 1951, ebenda, Nr. 1493, Bl. 211 RS.

103 Vgl. Gnadengesuch von Paul Ronge vom 16. 12. 1955, ebenda, Nr. 1495, Bl. 4.

von etwa 18 SS-Leuten festzunehmen und zur Exekution der Gestapo zu überstellen. An Gildisch persönlich wandte sich Heydrich mit den Worten: „Sie übernehmen den Fall Klausener, der von Ihnen persönlich zu exekutieren ist." Klausener sei ein bekannter und gefährlicher Katholikenführer, der mit Röhm gegen Hitler konspiriere. Röhm habe eine Revolte gegen Hitler geplant, in die die gesamte höhere SA-Führung verwickelt sei. Weiter betonte Heydrich, dass Eile geboten sei und Gildisch sich sofort zur Ausführung des Befehls zum Reichsverkehrsministerium in die Wilhelmstraße begeben müsse.

Daraufhin fuhr Gildisch – seiner Schilderung zufolge – in Begleitung des Gestapo-Beamten und der 18 SS-Männer zur Wilhelmstraße, wo er das Begleitkommando unten warten ließ. Zusammen mit den Gestapo-Beamten begab er sich in den 1. Stock des Ministeriums, wo sich Klauseners Dienstzimmer befand. In dem Augenblick, als er mit dem Oberamtsgehilfen Guder sprach, öffnete Klausener die Tür und trat auf den Flur. Mit Gildisch und dem Gestapo-Beamten kehrte er in sein Zimmer zurück. Dort eröffnete Gildisch ihm, dass er den Auftrag habe, ihn wegen staatsfeindlichen Verhaltens zu verhaften. Klausener, der gerade sein Gehalt empfangen hatte, bat, dieses und einige andere persönliche Wertsachen in seinem Schreibtisch aufbewahren zu dürfen. Nachdem er dies getan hatte, wandte er sich zum Gehen.

In diesem Augenblick zog Gildisch seine Privatpistole, die er außer seiner Dienstpistole stets bei sich trug, und schoss ihm von der rechten Seite, etwas hinter Klausener stehend, aus einer Entfernung von 1 ½ m in die hintere rechte Schädelseite. Klausener konnte weder das Ziehen der Pistole noch das Abfeuern bemerken und stürzte sofort zu Boden. Gildisch überzeugte sich von der Leblosigkeit seines Opfers und rief Heydrich vom Dienstapparat Klauseners an, um ihm den Vollzug des Befehls zu melden. Heydrich gab telefonisch die Anweisung, einen Selbstmord Klauseners dadurch vorzutäuschen, dass er neben dessen Arm seine Pistole legen solle. Er ordnete weiter an, Posten vor dem Dienstzimmer Klauseners aufzustellen, um jeden Zutritt von Dritten zu verhindern. Gildisch führte auch diesen Befehl aus und fuhr dann zu Heydrich zurück, nachdem er sich von dem Gestapo-Beamten getrennt hatte. Dort erhielt er den weiteren Befehl, den SA-Gruppenführer Karl Ernst in Bremen zu verhaften.[104]

Zu den inneren Motiven, die ihn zu der Tat bewogen haben, führte Gildisch aus: Durch seinen Treueeid auf Adolf Hitler sei er an jeden von einem Vorgesetzten erteilten Befehl gebunden gewesen. Nach den Ausführungen von Heydrich habe er unbedingt annehmen müssen, dass Röhm eine Revolte mit dem Ziel der Beseitigung Hitlers plane, dass somit ein außergewöhnlicher Zustand herrsche, der auch außergewöhnliche Maßnahmen erzwinge. Es sei nicht seine Aufgabe gewesen, Heydrich nach Einzelheiten zu fragen, vielmehr habe er als Soldat einem Befehl blindlings folgen müssen. Hitler habe ihm nähergestanden als der ihm völlig unbekannte Dr. Klausener. „Zwar seien ihm aus seiner Eigenschaft als Führer des Begleitkommandos und durch den ständigen Umgang mit Hitler auch dessen persönliche Schwächen bekannt gewesen; er habe ihn, wie er sich ausdrückt, in seiner Nacktheit gekannt, auch gewußt, daß unter dem Naziregime bereits damals gewisse Ausschreitungen vorgekommen seien."[105] Die Tötung des Dr. Klausener habe er aber als „notwendige Maßnahme" erkannt und gutgeheißen. Er sei der Überzeugung gewesen, dass Klausener als gefährlicher Katholikenführer „ausgemerzt" werden müsse. Er räumte nun auch ein, eine solche Äußerung im „Danziger Lachs" gegenüber seinem ehemaligen Freund Frey abgegeben zu haben. Irgendwelche Gewissensbisse habe er weder damals noch zu einem späteren Zeitpunkt gehabt. „Er sei immer, jedenfalls bis zum Kriegsende, ein überzeugter Nationalsozialist gewesen und habe alles, was von höchster Stelle befohlen wurde, für richtig gehalten."[106]

104 Vgl. Urteil des Schwurgerichts beim Landgericht Berlin vom 24. 5. 1951, ebenda, Nr. 1493, Bl. 205, 205 RS.

105 Ebenda, Bl. 206 RS.

106 Vgl. ebenda.

Das Schwurgericht bei dem Landgericht Berlin hatte die Hauptverhandlung auf den 21. Mai 1951 festgesetzt. Kurz vorher, am 6. Mai 1951, schrieb Gildisch einen Brief an seine Eltern und seine Frau: „Am 21. 5. steigt nun endlich der Tag der Entscheidung, den ich schon so lange herbeigesehnt habe. Ich gehe dem Tag so ruhig entgegen, wie Ihr mich kennt, wie Ihr wisst, dass ich das, was ich getan habe, nicht aus freiem Willen und eigenem Entschluss getan habe. Wenn man mich als befohlenes Werkzeug für eventuelle Irrtümer mir vorgesetzter damaliger Menschen, bezw. der damaligen Staatsgewalt verantwortlich machen will und nach nunmehr 17 Jahren zu verurteilen gedenkt, so nimmt mich das Schicksal noch einmal in seine Zange, aber ich glaube nicht, dass der Urteilsspruch dann Gottes Schlussstrich in meinem Falle wäre. So lasst auch Ihr Guten Euch durch nichts aus dem Gleichgewicht bringen. Und wenn auch die heutige Presse mich und die Angelegenheit zum Teil mit Unflat und Geifer belegen darf, so bin ich dennoch ungebrochen. Mein deutsches Blut ist im Kriege nicht, nicht in russ. Gefangenschaft, auch nicht nach 12 Operationen in 88 wöchigen Krankenbett zum versiegen gekommen und niemand wird ihm Einhalt gebieten können, nicht weiter nur und erst recht deutsch zu schlagen – denn es sei Gott. Für ‚moderne Horizonte' muss ich gleich erläuternd hinzufügen: ‚Deutschsein ist nicht immer gleichzusetzen mit Nationalsozialismus! […] Lebt weiter im Glauben an die schöneren idealeren Seiten des irdischen Daseins – man muss es nur verstehen, sie zu suchen und sie entsprechend der Zeitgeschehnisse mehr oder weniger vom Kot der Umwelt freizulegen. Euer dankbarer Jüngster."[107]

Der Vater antwortete daraufhin am 16. Mai 1951: „Mein lieber Sohn! Dein letzter Brief vom 6. 5. erreichte uns gestern und danken wir Dir herzlichst für Deine Worte. […] Deine Zeilen nehmen uns manche Sorgen um Dich und Dein Los – Du stehst fest – das ist die Hauptsache, denn Dein Gewissen ist nicht belastet, weil Du nur höheren Befehl

107 Brief Kurt Gildischs an die Eltern vom 6. 5. 1951, ebenda, Nr. 1493, Bl. 132, 132 RS.

folgen mußtest als pflichttreuer Untergebener, der seinen Mann stand in den schwersten Kämpfen und sein Blut als Opfer des Vaterlandes hingab und dann noch nachträglich so schwer leiden mußtest mit so vielen Operationen und Beinverlust. ‚Der Dank des Vaterlandes ist Euch gewiß.' So hieß es auf einem anderen Blatt und nun die lange ungewisse Haft – 6 Jahre nach dem Kriegsende – man faßt sich an den Kopf – es schwindelt einen – wohin geht's? Wir Eltern sorgen und können nur Gott um Gebet anflehen, daß er in seiner Barmherzigkeit die richtenden Herzen lenkt, Gerechtigkeit zu üben – Du hast gebüßt für andere Missetäter schuldlos – das ist ja Dein einziger Trost, der Dich aufrecht erhält und Dir Kraft gibt, Schwerstes zu ertragen im Hinblick auf des Allmächtigen Hilfe und Gnade. So sehen wir dem Verhandlungstage trotz allem ruhig entgegen. [...] Dein alter, fester Vater."[108]

Die Mutter schrieb ebenfalls am 16. Mai 1951: „Mein lieber, guter Junge! [...] Hoffen wir, daß das Urteil Deiner Richter nicht nur nach der heutigen Einstellung ausfällt, sondern daß auch das Herz eines Jeden etwas mitsprechen darf. Mögen sie nicht vergessen, daß in heutiger Zeit, über kurz oder lang, sie selber vielleicht in derselben Lage sein können, oder ihre eigenen Söhne verurteilt werden können. Die Zeiten sind ja so wirr und unfaßbar, dass man mit allem rechnen muß. [...] Und Dich bitten wir, nimm den gefällten Urteilsspruch, wie er auch ausfallen möge, gefaßt und stolz entgegen. Sollte es hart ausfallen, vergiß nicht, dass auch schwere Schicksalsschläge sich zum Guten auswerten. Du hast Dich in Deinem Leben mit vielem nicht können einverstanden zu sein, doch es war damals Befehl, dem gehorcht werden mußte, sowie es heute in demselben Tempo vielleicht noch härter ausgeführt wird. [...] Und nun Kopf hoch, mein Junge und durchgehalten, wie auch wir es uns vornehmen. Mit Gott in den Kampf! Uttchen grüßt lieb. Immer innigst umarme ich Dich, mit liebem Kuß immer Deine tr. M."[109]

108 Brief des Vaters an Kurt Gildisch vom 16. 5. 1951, in: ebenda, Bl. 234.

109 Brief der Mutter vom 16. 5. 1951, ebenda, Bl. 235.

Kurt Gildisch während seines Prozesses in Berlin am 21. Mai 1951. Er war des Mordes an Erich Klausener im Juni 1934 angeklagt.
picture alliance/AP images

Am 21. Mai 1951 eröffnete Landgerichtsdirektor Levy die Hauptverhandlung vor dem Schwurgericht. Das Interesse der Öffentlichkeit war groß. Zahlreiche Pressevertreter waren erschienen. Die „Welt am Sonntag" meinte, dass der Prozess zu den „politisch bedeutendsten der Nachkriegszeit gehört".[110] Unter der Überschrift „Wie Klausener ermordet wurde. Das sensationelle Geständnis Kurt Gildischs" schrieb „Der Tag": „Als der Vorsitzende des Schwurgerichtes gestern um 9.30 Uhr erklärte: ‚Wir treten nunmehr in die Hauptverhandlung ein', da hätte er ebensogut sagen können: ‚Wir treten nunmehr noch einmal in die Geschichte ein.' Denn nach der sensationellen Erklärung Kurt Gildischs, er werde im vollen Umfang ein Geständnis ablegen, rollte innerhalb der nächsten zweieinhalb Stunden das Geschehen eines politischen Mordes [...] ab,

110 Welt am Sonntag, Nr. 21 vom 27. 5. 1951.

das einen tiefen Einblick in die Einstellung der damaligen Machthaber gibt." Mit dem Geständnis habe sich die Beweisaufnahme ganz wesentlich verkürzt, konstatierte das Blatt und schrieb über Gildisch: „Glashart ist noch heute dieser Mann, trotz seiner schweren Verwundung, trotz seiner Haft. Wenn er die Hände bei der Schilderung seines ‚Einsatzes' zu Hilfe nimmt, sieht man geradezu eine Pistole darin blitzen."[111]

Ähnlich porträtierte auch der Berichterstatter der „Welt am Sonntag" den Angeklagten: „Hoch aufgeschlossen, schlank, im dunklen Anzug, das graumelierte Haar glatt in den Nacken gekämmt, die Rechte auf einen Krückstock gestützt, so stand der 47jährige Kurt Gildisch vor dem Schwurgericht. [...] Nüchtern und detailliert, etwa so, wie ein Kriminalbeamter seine Aussagen in einem Mordprozeß macht, schilderte der Angeklagte den Hergang der Tat. Was hatte ihn seinerzeit veranlaßt, Dr. Klausener zu erschießen? [...] ‚Was mich dazu veranlaßte, war der Treueid auf den Führer ... Ich handelte im guten Glauben, dem deutschen Volk damit einen Gefallen zu tun ..., war gewohnt, Befehle ohne Widerrede auszuführen ... es waren die Verräter am damaligen System ... [...]. Auf die Frage des Vorsitzenden, warum er bisher das Verbrechen abgestritten habe, erklärte Gildisch: ‚Ich wollte nicht, dass die Idee des Nationalsozialismus noch mehr diffamiert werde.'"[112]

Der Anklagevertreter, Oberstaatsanwalt Cantor, bezeichnete die Tat Gildischs als „kalten, grausamen Mord". Da er jedoch auf Befehl gehandelt habe, könne ihm Strafmilderung zugebilligt werden. Er beantragte eine Zuchthausstrafe von 12 Jahren. Der Verteidiger Dr. Ronge sah dagegen den Strafausschließungsgrund des übergesetzlichen Notstandes für gegeben. „Wollen Sie diesem Menschen etwas zum Vorwurf machen, an das er damals glaubte, so wie es viele Millionen taten?"[113] Im Einzelnen führte Ronge aus: Damals sei der Glaube in die „Rechtsstaatlichkeit des Systems" selbst bei seinen erbittertsten

111 Der Tag, Nr. 115 vom 25. 5. 1951.

112 Welt am Sonntag, Nr. 21 vom 27. 5. 1951.

113 Zit. nach ebenda.

Gegnern noch sehr stark gewesen, sodass die Behauptung, die Aktion richte sich gegen wirkliche Rebellen, für seinen Mandanten glaubhaft gewesen sei. Als er sich der nationalsozialistischen Bewegung angeschlossen habe und in die SS eingetreten sei, habe er nicht vorhersehen können, dass ihm einmal solche „Dienstleistungen" abverlangt werden würden. Er habe aber auf Befehl gehandelt und sich über die „Legitimität der Befehle" keine Gedanken zu machen vermocht. Gildisch hätte sich– so der Anwalt – dem Befehl Heydrichs nicht entziehen können, „ohne sich selbst der Gefahr auszusetzen als einer der Verschwörer oder ihrer Begünstigter angesehen zu werden und im Zweifel auf der Stelle abgeführt und zwar zum Tode abgeführt zu werden". Gegenüber seinem Verteidiger hatte Gildisch geäußert: „Ich möchte mal wissen, was aus mir geworden wäre, wenn ich gesagt hätte, das mache ich nicht."[114]

Das Gericht sprach am 24. Mai 1951 das Urteil. Landgerichtsdirektor Levy bezeichnete Gildisch als eine „Landsknechtnatur mit modernem Gesicht", die sich als höriges und williges Werkzeug des NS-Regimes erwiesen habe. Gildisch wurde wegen Verbrechens gegen die Menschlichkeit zu einer Zuchthausstrafe von fünfzehn Jahren und Aberkennung der bürgerlichen Ehrenrechte für den gleichen Zeitraum verurteilt. Das Gericht sah es als erwiesen an, dass Gildisch nicht nur auf Befehl gehandelt, sondern die Tat auch aus freien Stücken gebilligt habe. Es war der Überzeugung, „dass der Angeklagte es für unvereinbar mit seinen Pflichten als SS-Hauptsturmführer gehalten haben würde, wenn er den Befehl nicht ausgeführt hätte."

Eine allgemeine Notwehrlage konnte das Gericht nicht erkennen. Der Angeklagte habe sich nicht in einem Verteidigungszustand gegen einen rechtswidrigen Angriff von Klausener befunden. Weiter heißt es in der Urteilsbegründung: „Insoweit mit dem angeblichen staatsfeindlichen Verhalten und der Beteiligung an dem angeblich von Röhm geplanten Putsch seitens des Dr. Klausener ein Angriff auf die in der

114 Schreiben von Paul Ronge an das Schwurgericht Berlin-Moabit vom 7. 3. 1951, LAB, B Rep. 058, Nr. 1493, Bl. 12 ff.

Person Adolf Hitlers verkörperte Staatsordnung geplant sein könnte, handelt es sich um den Fall der sogen. Staatsnotwehr. Diese wird im Schrifttum für grundsätzlich zulässig angesehen." Doch die „Staatsnotwehr", so das Gericht weiter, setze voraus, dass die zum Schutz des Staates unternommene Handlung eine „erforderliche Verteidigung" sei. Nicht alles sei erlaubt, „was zum Schutze des wirklichen oder vermeintlichen öffentlichen Interesses unternommen wird". Der Angeklagte hätte sich bewusst sein müssen, „dass zur Unschädlichmachung des Dr. Klausener seine alsbaldige und ohne gerichtliches Urteil vollzogene Tötung nicht erforderlich war, dass hierfür vielmehr zunächst seine Verhaftung und Auslieferung an die Gestapo vollauf genügte".[115]

Auch Gildischs Behauptung, dass er der Familie die quälende Ungewissheit über Klauseners Tod nehmen wollte, mochte das Gericht nicht gelten lassen. „Der Angeklagte", so das Gericht, „hätte im Laufe der langen Untersuchungshaft zu dieser Erkenntnis längst kommen und ein Geständnis ablegen können. Er hat dies erst dann getan, als durch die infolge seines Bestreitens sehr umfangreichen Ermittlungen, kommissarische Vernehmungen verschiedener Zeugen usw. die Gewissheit seiner Schuld immer drückender wurde, als vor allem der Zeuge Guder bei Gegenüberstellung den Angeklagten einwandfrei und mit völliger Gewissheit vor dem Untersuchungsrichter als den Täter wiedererkannte."[116]

Gildisch zeigte sich auch nach dem Urteil vollkommen uneinsichtig. In einem Brief an seine Frau schrieb er, dass das „Urteil des Herrn Levi" ihm „eine tiefere Wunde geschlagen habe". „Wenn und ob diese überhaupt einmal vernarben wird, hängt später einmal davon ab, inwieweit sich die Welt dann noch mit der Überzeugung dieses Gerichts identisch erklärt! Ich weiß, vor Dir bin ich rehabilitiert! […] ‚Was ist Recht?' Ich greife nur ein Hauptthema heraus und bei der Problematik allein

115 Urteil des Schwurgerichts beim Landgericht Berlin vom 24. 5. 1951, ebenda, Nr. 1493, Bl. 208 RS.

116 Ebenda, Bl. 211 RS u. Bl. 212.

Kurt Gildisch während seines Prozesses
in Berlin am 21. Mai 1951.
picture alliance/AP images

dieses Begriffs soll es einen doch nicht Wunder nehmen, wenn die Öffentlichkeit durch ‚gebeizte Zeitungsartikel' (siehe einmal Bln.-Presse, zum anderen die westliche Presse) zu einer ganz anderen Stellungnahme kommt, sich zu einer Einstellung dressieren läßt, wie eben das vorherrschende System, die Obrigkeit ‚die Gewalt über Euch hat' seine Puppen in seine Regie nimmt. ‚Heute Hosiana, morgen kreuzigt ihn!'"[117]

Gildischs Eltern versuchten, ihren Sohn in seiner Meinung zu bestärken: „Mein lieber schwergeprüfter Sohn! Wie sehr erfreuten uns Deine aufrechten Worte in Deinem letzten Brief vom 5. 6., den wir eigentlich kaum erwarteten in der Meinung, dass das so grausame schicksals-

117 Schreiben Kurt Gildischs vom 10. 6. 1951, ebenda, Nr. 1493, Bl. 237.

schwere Urteil an Dir schon vollzogen sei. Zu Deinem Unglück musste ein so unmenschlich harter, von fanatischem Hass erfüllter Richter Dein Schicksal lenken – da half kein Kriegsopfer Deinerseits, auch nicht die heutige politisch entgegenkommende Auffassung zu einer berechtigten milderen Beurteilung Deines Falles – wo Du nur pflichtbewusst so handeln musstest. […] Aber es gibt noch einen höheren, himmlischen Richter, von dessen Dasein wir nicht irre gemacht werden können, obwohl wir Dissidenten sind! ‚Vater vergib ihnen, die nicht wissen, was sie tun im unberechtigten Hass'."[118]

Gegen das Urteil legte Rechtsanwalt Ronge Revision ein. Seinen Antrag begründete er vor allem damit, dass das Gericht die politischen Umstände der Tat nicht genügend berücksichtigt habe. Es habe nicht einmal den Versuch gemacht, die Vorgänge vom 30. Juni 1934 in eine „historische Schau zu stellen". So sei es völlig versäumt worden, „die Frage überhaupt, die doch die Kardinalfrage ist, zur Erörterung zu stellen, ob jenseits der Erschießung Klauseners die sogenannte Niederschlagung des Putsches rechtsstaatliche Grundlagen gehabt hat". In diesem Zusammenhang hätte das Urteil nicht an der berühmten Marburger Rede des Vizekanzlers von Papen vorbeigehen dürfen, in der dieser vor der Fortsetzung der Revolution gewarnt und bemerkt habe, Deutschland dürfe „kein Zug ins Blaue" werden. „Infolgedessen", so Ronges Schlussfolgerung, „lässt sich nunmehr unter der Gesamtschau des Urteils die Prüfung der Frage nicht mehr vermeiden, ob von der ersten Planung gesehen der 30. Juni nicht wirklich genau das Gegenteil einer Unrechtsmaßnahme war, also der Versuch, gegen diejenigen, die die Revolution weiterzutragen versuchten, den rechtsstaatlichen Gedanken […] durchzusetzen". Wenn aber die Teilnahme der Bekämpfung des sogenannten Putsches, „d. h. also das Stehen auf der Seite Hitler-Himmler-Heydrich gegen Röhm-Ernst u. a. objektiv eine Unterstützung rechtsstaatlicher Bestrebungen gegen den Versuch wäre, das Unrecht weiter zu vertiefen", dann sei auch die Tat des Angeklagten in einem völlig anderen Licht

118 Schreiben der Eltern an Kurt Gildisch vom 1. 7. 1951, ebenda, Bl. 245.

zu sehen. Die Frage der Staatsnotwehr, „als deren Vollstrecker Gildisch erscheinen musste", hätte das Gericht stärker berücksichtigen müssen. Immerhin „war das entsprechende Gesetz nicht allein von Hitler unterzeichnet, sondern von dem gesamten Reichskabinett, dem damals u. a. auch noch Frhr. v. Eltz-Rübenach angehörte, der direkte Vorgesetzte des ermordeten Klausener, der also mit seiner Unterschrift die Tat des Angeklagten und deren Veranlasser als angeblich rechtens deckte".

Der innere Widerspruch des Gerichtsverfahrens wurde nach Ansicht von Dr. Ronge auch darin offenbar, dass der Ankläger die Exekutionen an Ernst und Villain nicht als Verbrechen gegen die Menschlichkeit eingestuft habe. Schließlich fragte Ronge in seiner Revisionsbegründung, ob etwa „die Größe des Opfers" die Einstellung, was unmenschliche politische Verfolgung ist, beeinflusst habe.[119] Auch die Staatsanwaltschaft hatte zugunsten des Angeklagten das Urteil angefochten, weil ihm die bürgerlichen Ehrenrechte für mehr als 10 Jahre aberkannt worden waren.

3.2 Der Prozess vor dem Schwurgericht bei dem Landgericht Berlin vom 18. Mai 1953

Am 5. Februar 1953 entschied der 5. Strafsenat des Bundesgerichtshofs, das Urteil des Schwurgerichts vom 24. Mai 1951 aufzuheben und die Sache zu neuer Verhandlung und Entscheidung an das Schwurgericht zurückzuverweisen.[120] Der Bundesgerichtshof begründete seine Entscheidung vor allem damit, dass deutsche Gerichte nach Gründung der Bundesrepublik Deutschland nicht mehr befugt gewesen seien, das Alliierte Kontrollratsgesetz anzuwenden.

119 Revisionsbegründung des Anwalts Paul Ronge vom 19. 7. 1951, ebenda, Bl. 251–258, hier Bl. 253.

120 Vgl. Urteil des 5. Strafsenats des Bundesgerichtshofs vom 15. 12. 1953, ebenda, Nr. 1498, Bl. 28 f.

In der Sitzung vom 18. Mai 1953 verkündete das Schwurgericht bei dem Landgericht Berlin das Urteil: Kurt Gildisch wurde wegen Mordes zu einer Zuchthausstrafe von 15 Jahren verurteilt, die bürgerlichen Ehrenrechte wurden ihm auf die Dauer von 10 Jahren aberkannt. Zur Begründung führte das Gericht aus, dass der Angeklagte bei der Ausführung der Tat mit Überlegung gehandelt und genaue Überlegungen darüber angestellt habe, wie er den gefassten Entschluss in die Tat, die als heimtückisch gewertet werden müsse, umsetzen könne. Er habe Dr. Klausener vorgespielt, ihn lediglich zu verhaften zu müssen, und die Arglosigkeit seines Opfers zur Begehung der Tat ausgenutzt. Die Behauptung des Angeklagten, er habe ihm die seelischen Qualen über den bevorstehenden Tod in den letzten Momenten seines Lebens ersparen wollen, wies das Gericht zurück. „Nach Überzeugung des Gerichts hat der Angeklagte den ahnungslosen Dr. Klausener nicht deshalb hinterrücks erschossen, um ihm seelische Qualen zu ersparen, sondern [...] um die Ausführung der Tat zu erleichtern." Die Tat des Angeklagten sei durch besondere List und Verschlagenheit gekennzeichnet.[121]

Gildisch habe nicht nur Beihilfe zur Tötung des Dr. Klauseners geleistet, indem er sich als Werkzeug den Nationalsozialisten zur Verfügung stellte. Vielmehr habe er die Tat selbstständig ausgeführt und sie auch als eigene gewollt. Er sei nicht der „kleine Mann" gewesen, sondern zur Tatzeit SS-Hauptsturmführer und habe kurz zuvor noch zum Begleitkommando Hitlers gehört. „Er handelte daher bei der Tötung Dr. Klauseners keineswegs als blindes Werkzeug, sondern mit eigenem Willen." In strafrechtlicher Hinsicht seien Göring und Heydrich zwar die Anstifter der Tötung Klauseners, Gildisch aber der Täter. Dabei sei sich der Angeklagte durchaus darüber bewusst gewesen, dass er gegen das Gesetz verstoßen hatte. Er habe in der Zeit der Weimarer Republik sechs Jahre Dienst in der Polizei getan und dabei eine eingehende Ausbildung und Unterrichtung erhalten, sodass er sich über die

121 Urteil des Schwurgerichts beim Landgericht Berlin vom 18. 5. 1953, ebenda, Nr. 1496 (ohne Blattangabe), S. 16 f.

Rechtswidrigkeit der ohne gerichtliches Urteil vollzogenen Tötung des Dr. Klauseners im Klaren gewesen sein musste.[122]

Die Argumentation der Verteidigung, wonach die Rechtswidrigkeit der Tat deshalb entfalle, weil durch das Gesetz über Maßnahmen der Staatsnotwehr vom 3. Juli 1934 die Erschießungen im Zusammenhang mit der Röhm-Revolte nachträglich legalisiert worden seien, wies das Gericht zurück. Dieses Gesetz, so das Gericht, sei selbst rechtswidrig, da es im Widerspruch zu jeglichen rechtsstaatlichen Prinzipien stehe. „Der Angeklagte hat die Tat ausgeführt, obwohl er sich bewußt war, daß selbst Hitler und die anderen in Frage kommenden führenden Nationalsozialisten die Tötung von politischen Gegnern nicht hätten befehlen können, ohne gegen das geltende Recht zu verstoßen." Auch der Umstand, dass Gildisch auf Befehl gehandelt habe, entschuldige ihn keineswegs. Er habe sich freiwillig der SS angeschlossen, einer Organisation, die blinden Gehorsam verlangt habe; wer sich freiwillig fremdem Willen unterwerfe, bleibe strafrechtlich verantwortlich. Eine lebenslängliche Zuchthausstrafe habe deshalb nicht verhängt werden können, weil der Angeklagte durch das erste schwurgerichtliche Urteil lediglich mit 15 Jahren bestraft worden sei und nur die Verteidiger und die Staatsanwaltschaft zu seinen Gunsten Revision eingelegt hätten.[123] Die Revision des Angeklagten gegen das Urteil des Schwurgerichts in Berlin vom 18. Mai 1953 wurde vom 5. Strafsenat des Bundesgerichtshofs in der Sitzung vom 15. Dezember 1953 verworfen.[124]

Am 16. Dezember 1955 stellte Rechtsanwalt Ronge ein Gnadengesuch, das er vor allem mit Gildischs Sinneswandel begründete. Dies zeige insbesondere sein volles Geständnis. Als er die Tat begangen habe, sei er von anderen beeinflusst worden. Nur in einem Punkt sei er in seinen Entscheidungen frei gewesen – als er sich entschloss, in die SS einzutreten. Dabei sei er der allgemeinen Propaganda des National-

122 Vgl. ebenda, S. 19.

123 Vgl. ebenda, S. 22 f.

124 Vgl. ebenda, Nr. 1498, Bl. 102–105 RS.

sozialismus unterlegen, doch habe er bestimmt nicht die Absicht gehabt, Menschen zu töten. In der SS habe dann eine Umformung zu dem typischen SS-Typ stattgefunden, der sich von sich selbst entfremdet habe. Dies treffe besonders auf Gildisch zu, der „die Tragweite seines Tuns“ nicht übersehen habe. „Er glaubte sich als Vollzieher einer Staatsnotwendigkeit.“[125]

Gründe für eine Begnadigung sah der Rechtsanwalt auch in den Ereignissen, mit denen Gildisch nach der Tat konfrontiert war. „Wenn ein Täter nach seiner Tat ein hartes Schicksal gehabt hat, dann dieser Angeklagte“, so der Verteidiger. Als er aus der SS ausgeschieden sei, sei dem Verurteilten mitgeteilt worden, „dass er, der für den Gedanken der SS in der Tat ja einiges geleistet hatte und eine ungeheure Blutschuld auf sich geladen hatte“, nunmehr gleichwohl in der SS keine wirkliche Heimat mehr habe. Daran habe sich auch nichts durch das „Sich-wieder-empor-Dienen im Kriege“ geändert. Die späteren schweren Erlebnisse hätten „aus dem Gildisch der Tat“ einen ganz anderen Menschen geformt. Dafür spreche auch, „dass er eine Frau geheiratet hat, deren Haltung, zu ihrem Mann zu stehen, nicht nur für diese Frau, sondern auch für den Mann spricht, auf den sich diese Haltung bezieht.“[126]

Auch Hedwig Klausener, die Witwe des Ermordeten, sowie sein Sohn, Kaplan Erich Klausener, richteten an den Senator für Justiz ein Gnadengesuch. Im Einklang mit ihrer religiösen Überzeugung hätten sie Gildisch schon lange verziehen. Ihm solle die Möglichkeit gegeben werden, sein Leben neu zu beginnen, nicht zuletzt wegen seiner Frau, die Gildisch als Krankenschwester kennengelernt und die ihn zwei Jahre, bevor er als Mörder überführt wurde, geheiratet hatte. Mit großer Tapferkeit und Fassung habe sie die späteren Ereignisse getragen und stehe „ihrem Mann nach wie vor als treue Lebensgefährtin zur Seite. [...] Es würde mir eine besondere Erleichterung bedeuten, ihren

125 Gnadengesuch von Paul Ronge vom 16. 12. 1955, ebenda, Nr. 1495, Bl. 5 f.

126 Vgl. ebenda, Bl. 6 f.

Mann wieder in Freiheit an ihrer Seite zu wissen, damit möglichst bald ihr Leben die rechte Erfüllung findet",[127] schrieb Frau Klausener.

Prälat Walter Adolph, der als Sekretär der Katholischen Aktion von 1930 bis 1934 eng mit Erich Klausener zusammengearbeitet hatte, richtete ebenfalls ein Gnadengesuch an den Justizsenator. Darin trug er vor: „Dr. Klausener hat sich mit männlicher Entschlossenheit für die Kirche eingesetzt, deren HERR uns verpflichtet hat, den Mitmenschen zu verzeihen, auch wenn sie uns bitteres Unrecht zugefügt haben. So drängt es auch uns im Fall Gildisch, nach dem Gebot Christi um Gnade zu bitten." Kurt Gildisch habe nun mehr als 5 Jahre Haftzeit abgebüßt, damit sei der irdischen Justiz Genüge getan.[128]

Bevor der Justizsenator über die Gnadengesuche entscheiden konnte, wurde Gildisch am 5. Januar 1956 wegen Meteorismus und Leberschaden in eine Wilmersdorfer Privatklinik verlegt. Die Ärzte stellten Leberzirrhose fest. Am 5. März 1956 verstarb Gildisch im Alter von 52 Jahren.[129]

4. Ein Nachspiel

Für Rechtsanwalt Dr. Werner Pünder hatte die Ermordung Klauseners 1934 noch ein Nachspiel. Es ging um die ordnungsmäßige Festsetzung der Hinterbliebenenbezüge für die Witwe und die Auszahlung mehrerer Lebensversicherungen. Da Pünder Mitte Juli 1934 in Urlaub ging, nahm zunächst sein Sozius, Dr. Erich Wedell, die Bearbeitung der Sache in die Hand. Es gelang ihm, die Bedenken der Versicherungsträger, die den Einwand des Selbstmordes erhoben hatten, zu beseitigen. Für die Versicherungen schloss Selbstmord eine Entschädigung aus. Um solche Fälle dennoch einvernehmlich zu regeln, richtete das

127 Gnadengesuch von Hedwig Klausener vom 1. 1. 1956, ebenda, Bl. 8 f.

128 Gnadengesuch von Walter Adolph vom 5. 1. 1956, ebenda, Bl. 10 f.

129 Vgl. ebenda, Nr. 1494, Bl. 14, 21 f.

Geheime Staatspolizeiamt speziell für die Erledigung von Ansprüchen der Hinterbliebenen des 30. Juni ein eigenes Sonderdezernat unter SS-Untersturmführer Meisinger ein, das Bestätigungen zur Vorlage bei den Versicherungsgesellschaften ausstellte, „daß gegen die Auszahlung der Lebens- und Unfallversicherungssumme an die Angehörigen des am 1. 7. 34 verstorbenen [!] X von hier aus keine Bedenken bestehen".[130]

Anders sah es mit der Gewährung einer Entschädigung durch den nationalsozialistischen Staat selber aus. Nach dem bis dahin bestehenden Recht war die Tötung eines Menschen ohne gerichtliches Verfahren, auch wenn sie auf Anordnung höchster Instanzen erfolgte, widerrechtlich und verpflichtete die Täter zu Schadensersatz. Die „Rechtslage" änderte sich grundlegend mit dem „Gesetz über den Ausgleich bürgerlicher rechtlicher Ansprüche" vom 13. Dezember 1934. Ansprüche, die „mit der nationalsozialistischen Erhebung und Staatserneuerung" zusammenhingen, konnten nur noch nach Maßgabe dieses Gesetzes geltend gemacht werden. Es legte fest, dass der Reichsminister des Innern der Behandlung derartiger Ansprüche auf dem ordentlichen Rechtsweg widersprechen und die Entscheidung selbst treffen konnte. Dabei sollte er nicht an die allgemeinen Rechtsgrundsätze gebunden sein, sondern

130 Zit. nach Lothar Gruchmann, Einleitung zum Erlebnisbericht Werner Pünders über die Ermordung Klauseners, S. 409. In mehreren Fällen verweigerte die Gestapo jedoch selbst diese Unbedenklichkeitsbescheinigungen, so z. B. im Fall Straßer. Hier wollten die Versicherungen nicht zahlen, weil kein ärztliches oder amtliches Zeugnis über die Todesursache vorlag. Die Gestapo beharrte auf der Behauptung, dass der Verhaftete Selbstmord begangen habe, und schrieb an das Reichsinnenministerium, dass Frau Straßer „mit ihrem Antrag auf Auszahlung der Versicherungssumme auf Schwierigkeiten stoßen" werde. Dieses Vorgehen akzeptierte selbst Innenminister Frick nicht. Er wandte sich an Justizminister Gürtner, und auf Intervention von dessen Staatssekretär Schlegelberger war die Versicherung schließlich zur Zahlung bereit, obwohl bei einem Selbstmord dazu nicht verpflichtet gewesen wäre. Allerdings verlangte sie eine Bescheinigung der Reichsregierung, dass gegen die Auszahlung keine Bedenken bestünden. Vgl. ebenda, S. 410.

nach eigenem Ermessen befinden können, „ob und in welcher Art oder Höhe ein Ausgleich aus Reichsmitteln zu gewähren ist".[131]

Bei einer Klageerhebung war also damit zu rechnen, dass der Reichsminister des Innern der Behandlung des Rechtsstreites vor einem ordentlichen Gericht widersprechen und die Entscheidung an sich ziehen und selbst treffen würde. Rechtsanwalt Pünder war daher der Meinung, dass es im Interesse des Reiches liegen müsse, eine solche Klage zu vermeiden, und wandte sich direkt an den Reichsinnenminister Frick. Zuvor hatte er noch mit dem Sachbearbeiter des Reichsführers SS, SS-Oberführer Franz Breithaupt, über die finanzielle Lage von Frau Klausener gesprochen. Breithaupt stand der Angelegenheit wohlwollend gegenüber, meinte aber, dass es notwendig sei, zunächst die Stellungnahme des Reichsministers des Innern herbeizuführen.

Bei seinem Besuch bei Reichsminister Frick verwies dieser ihn an seinen Staatssekretär Hans Pfundtner, der meinte, dass in erster Linie der Reichsminister der Justiz zuständig sei. Der Staatssekretär im Reichsjustizministerium, Dr. Franz Schlegelberger, bezeichnete jedoch die Meinung seines Kollegen als falsch. So wandte sich Pünder wiederum an Staatssekretär Pfundtner, der inzwischen einen Oberregierungsrat mit der Bearbeitung der Sache beauftragt hatte. Dieser teilte Pünder mit, dass das Reichsministerium des Innern sich erst mit der Sache befassen könne, wenn vorher die Klage erhoben würde. „Die Arglosigkeit", so Lothar Gruchmann in seiner Einleitung zum Erlebnisbericht von Werner Pünder, „mit der das Ministerium dem Rechtsanwalt Pünder empfahl, zugunsten eines ‚Staatsfeindes' gegen das Dritte Reich Klage zu erheben, ist für das normative Denken, das in den traditionellen Zweigen des Staatsapparates weiter vorherrschte, charakteristisch: die Behörde gab diesen Rat sicher nicht in hinterhältiger Absicht."[132] Für Pünder bewies diese Unschlüssigkeit, „daß jede Stelle Angst hatte, das heiße Eisen anzufassen. Niemand wollte sich

131 Vgl. Erlebnisbericht Werner Pünders über die Ermordung Klauseners, S. 417.

132 Lothar Gruchmann, Einleitung, in: ebenda, S. 413.

dem Vorwurfe der Gestapo aussetzen, ihr in den Rücken gefallen zu sein".[133]

Am 28. März 1935 erhoben Dr. Pünder und Dr. Wedell Klage auf Schadenersatz auf den sehr bescheidenen Jahresbetrag von 2400,– RM gegen das Deutsche Reich und das Land Preußen. In ihrer Begründung verwiesen sie darauf, dass dem Ehemann und Vater der Kläger nichts zur Last gelegt werden könne, was seine Festnahme oder gar Tötung gerechtfertigt hätte. Es fehle jeder Anhalt dafür, dass er an „den Massnahmen der Männer beteiligt war, gegen die sich die bekannten Schritte der Beklagten am 30. 6. 1934 richteten. Einer Staatsnotwehr gegen ihn bedurfte es nicht, denn er war an keiner Angriffshandlung gegen den Staat beteiligt."[134]

Die für den Rechtsstreit zuständige Zivilkammer des Landgerichts Berlin war nach dem Gesetz dazu verpflichtet, die Klage an den Polizeipräsidenten von Berlin – und dieser wiederum an den Reichs- und preußischen Minister des Innern – weiterzureichen. Dass die Klageschrift auch der Gestapo übermittelt wurde, davon konnte sich Pünder wenig später überzeugen. Am 16. April 1935 verließ er wie üblich gegen 8.30 Uhr seine Wohnung in Berlin-Lichterfelde-Ost, um in sein Büro zu fahren, als seine Frau ihm hinterhereilte und mitteilte, dass der Bürovorsteher Hoffmann soeben angerufen habe: Im Büro säßen zwei Herren, die ihn dringend sprechen wollten. Dort erfuhr er, dass die beiden Beamten der Gestapo sich die Akte Klausener hatten geben lassen und dass Dr. Wedell mit einem der beiden Beamten das Büro verlassen habe.

Mit dem zweiten Beamten hatte Dr. Pünder dann eine einstündige Unterhaltung. „Er wollte wissen, weshalb Dr. Wedell und ich in der Sache Klausener die Klage gegen den Führer und Reichskanzler erhoben hätten." Pünder erläuterte ihm die Rechtslage. Der Beamte machte sich Notizen und erklärte, die Sache habe ihn sehr interessiert. Pünder

133 Ebenda, S. 418.

134 Vgl. ebenda, S. 421.

möchte doch die Freundlichkeit haben, mit ihm ins Amt zu kommen, da er dort seinem Vorgesetzten berichten müsse. In der Prinz-Albrecht-Straße, dem Sitz der Gestapo, wurde Pünder in das Dienstzimmer des SS-Untersturmführers Meisinger geführt, wo sich noch einmal die gleiche Unterhaltung wie in seinem Büro entwickelte. Abschließend erklärte Meisinger, er könne jetzt nicht mit seinem Chef sprechen und müsse ihn daher bitten, noch bis zum Abend im Hause zu bleiben.

Pünder wurde in den Keller gebracht. Durch einen Vorraum gelangte er in einen nur künstlich beleuchteten, etwa 100 m langen Korridor, an dessen linker Seite Zellen eingebaut waren. Später erfuhr er von einem Mithäftling, dem Gauleiter Karpenstein, „daß in meiner Zelle am 30. Juni 1934 Gregor Straßer, der frühere Freund und Mitkämpfer Adolf Hitlers, erschossen worden war. Die an meiner Zellenwand noch sichtbaren Blutflecken sollten dem Nachfolger offenbar die Vermutung nahe legen, daß ihm in dieser Todeszelle ein gleiches Schicksal zugedacht war.“[135] Doch sei seine Behandlung im Gegensatz zu der von Wedell „korrekt“ gewesen. Dieser wurde in die „Columbia-Diele“, ein in der Nähe des Flughafens Tempelhof gelegenes Gefängnis der SS, gebracht. „Wie die anderen Insassen dieses berüchtigten Gefängnisses wurde er durch die Aufseher und deren Kapos gestoßen und geschlagen und wie ein Verbrecher behandelt. Er trug Sträflingskleidung, hatte keine Möglichkeit der Körperpflege, erhielt nur Wassersuppen und kleinste Brotrationen und litt schwer unter einer derart entwürdigenden Behandlung.“[136] In den folgenden Wochen wurden Pünder und Wedell wiederholt vernommen. „Man versuchte den Nachweis zu erbringen, daß die Erhebung der Klage nur dazu dienen sollte, den Fall Klausener in aller Öffentlichkeit zur Erörterung zu stellen und der von Hitler geführten Reichsregierung im In- und Auslande Schwierigkeiten zu machen.“[137]

135 Ebenda, S. 425.

136 Ebenda.

137 Ebenda.

Etwa zwei Wochen nach seiner Verhaftung wurde Pünder in der Nacht aus seiner Einzelzelle geholt und von zwei schwerbewaffneten SS-Männern in das oberste Stockwerk des Hauses geführt. In dem nur spärlich erleuchteten Raum musste er sich mit dem Gesicht gegen die Wand stellen, wobei die Posten mehrfach erklärten, er würde erschossen. Nachdem er mindestens eine Stunde in dieser Stellung ausgeharrt hatte, wurde er in ein besonders hell erleuchtetes Dienstzimmer geführt. Am Schreibtisch saß SS-Untersturmführer Meisinger. Dieser tat so, als wenn Pünders Kollege Wedell bereits „gestanden" hätte, dass eine „große Aktion gegen den Führer" beabsichtigt gewesen sei. Er müsse mit seiner Erschießung rechnen. Eine mildere Beurteilung komme nur dann infrage, wenn er endlich alles zugeben würde.

Überraschend wurden Pünder wie auch sein Sozius Wedell am 16. Mai 1935 aus der Haft entlassen. Zuvor war Heydrich zweimal in dem Kellergefängnis erschienen und hatte nach ihm gefragt, für ihn ein Hinweis, „daß man zunächst noch nicht recht wußte, ob man mich entlassen oder erschießen solle". Später erfuhr er, dass sich verschiedene Persönlichkeiten für die Freilassung eingesetzt hatten, u. a. der Reichsjustizminister Dr. Franz Gürtner, der Reichsminister des Innern Frick und der Reichsminister der Finanzen Johann Ludwig Graf Schwerin von Krosigk. Pünder jedenfalls wertete seine Freilassung als Zeichen, dass Hitler und Himmler noch nicht die Machtfülle besaßen, über die sie später verfügten.[138]

138 Vgl. ebenda, S. 428.

IV. Schlussbetrachtung

Die Ermittlungen im Mordfall Klausener deckten neben dem Tathergang zugleich wesentliche Merkmale der internen Kämpfe in der Partei und zwischen Partei und Staatsorganen in der Anfangszeit der NS-Herrschaft auf und tragen so zur weiteren Kenntnis über die Grundlagen des nationalsozialistischen Herrschaftssystems bei. Die Atmosphäre des 30. Juni wird in den Zeugenaussagen eindrucksvoll eingefangen: Der Ministerialdirektor Brandenburg ahnte, dass „etwas passieren würde", und wollte sich eine Pistole mitnehmen, um sein „Leben so teuer wie möglich" zu verkaufen. Auch Erich Klausener war sich der Gefahr bewusst, meinte aber, es hätte keinen Sinn, Widerstand zu leisten. Die Erschütterung der Angehörigen des Ermordeten sowie ihre Entschlossenheit, sich an Ort und Stelle Klarheit über das Geschehen zu verschaffen, werden eindrucksvoll geschildert, ebenso die Bestürzung und die Ratlosigkeit selbst der obersten staatlichen Verwaltungsbeamten, die von dem plötzlichen Zugriff der Exekutivorgane des Regimes völlig überrascht wurden. Rechtsanwalt Pünder verwies Verkehrsministet Eltz-Rübenach auf den „unmöglichen Zustand", dass zwei Polizeibeamte hinter seinem Rücken einen seiner höchsten Beamten erschießen konnten. Der Minister war ratlos und stammelte nur, er stehe vor einem Rätsel.

Weder der Minister noch sein Staatssekretär wagten es, sich gegen das Regime zu exponieren. Im Gegenteil, in einem Zettelumlauf an die Bediensteten des Ministeriums ließen sie verlauten, Klausener habe mit umstürzlerischen Kreisen in Verbindung gestanden und daher Selbstmord verübt. Dabei hatten Pünder und Frau Klausener übereinstimmend den Eindruck, dass der Minister selbst nicht an einen Selbstmord glaubte. Ähnlich äußerte sich auch die Frau des Staatssekretärs Koenigs. Ganz offensichtlich waren der Minister und sein Staatssekretär so eingeschüchtert, dass sie gegen ihre Überzeugung die Version des Regimes nach außen vertraten. Ähnlich verhielt sich auch der Direktor des Leichenschauhauses, Prof. Dr. Müller-Heß. Seine Darstellung, er wisse nicht mehr genau, ob er die Leiche Klauseners obduziert habe, war unglaubwürdig. Seine Behauptung, dass er es abgelehnt habe, sein Institut in den Dienst der von den Nationalsozialisten „systematisch betriebenen Beseitigung missliebiger Personen im Wege von Injektionen zu stellen", ist kaum überprüfbar. Im Fall Klausener hat sich Müller-Heß ganz offensichtlich dem Willen der Gestapo gebeugt, die eine Obduktion der Leiche unterbinden wollte und damit gerichtsverwertbare Rückschlüsse auf die Tat verhinderte.

Der Mord an Klausener führt den Umgang des Regimes mit Recht und Gesetz deutlich vor Augen. Die Machthaber versuchten nachträglich, der Aktion des 30. Juni mit dem „Gesetz über Maßnahmen der Staatsnotwehr" vom 3. Juli 1934 den Anschein von Legitimität zu verleihen, indem es die Tötungen für „rechtens" erklärte, doch war das Gesetz eine Farce und offenbarte nur den zynischen Charakter des Regimes. Selbstverständlich hatte auch Hitler als Reichskanzler nicht die rechtliche Befugnis, Erschießungen von Menschen ohne Gerichtsurteil anzuordnen. Der zynische Charakter des NS-Regimes wird noch dadurch unterstrichen, dass der Mord an Klausener als Suizid dargestellt wurde. Dabei warf die Version, den Mord als „Selbstmord bei der Verhaftung" zu tarnen, eine Reihe rechtlicher Probleme auf, wie die Regelung der Hinterbliebenenbezüge, der Unfall- oder Lebensversicherung zeigte. Während in den traditionellen Verwaltungs- und Justizapparaten noch Reste rechtsstaatlichen Denkens vorhanden waren und deren Beamte sich formell an die Gesetze gebunden fühlten, handelten SS und Gestapo ausschließlich nach „außernormativen Befehlen" der Führung. Da die Versicherungen bei Selbstmord nicht zahlungspflichtig waren, stellte die Gestapo spezielle „Unbedenklichkeitsbescheinigungen" für die Hinterbliebenen des 30. Juni aus. Der Staat versuchte mit dem „Gesetz über den

Ausgleich bürgerlicher rechtlicher Ansprüche" die Versorgung der Hinterbliebenen aus öffentlichen Mitteln zu regeln. Welche absurden Folgen das hatte, zeigen die Erfahrungen des Anwalts Werner Pünder. Das Reichsministerium des Innern teilte ihm mit, es könne erst dann tätig werden, wenn vorher Klage erhoben worden sei, während die Gestapo gerade diese Klage als Beleg dafür wertete, dass Pünder der „Regierung Hitler" Schwierigkeiten im In- und Ausland bereiten wollte. Der unberechenbare und verlogene Charakter des Regimes zeigte sich dann auch bei dessen Verhaftung. Die „äußere Form" wurde dabei gewahrt: Der Gestapobeamte sagte, Herr Pünder möge doch die „Freundlichkeit" haben, mit ihm ins Büro zu kommen, und SS-Hauptsturmführer Meisinger „bat" ihn, noch bis zum Abend hierzubleiben.

Die umfangreichen Ermittlungen im Mordfall Klausener lieferten unterschiedliche Täterprofile. So schilderte der ehemalige Kriminalrat Lothar Wandel detailliert, wie die SS unter Himmler und Heydrich die Geheime Staatspolizei in Berlin übernahm und welche Folgen dies für die Beamten hatte. Die Atmosphäre innerhalb der Gestapo während des „Röhm-Putsches" wird dabei sicherlich zutreffend wiedergegeben, doch war Wandels Selbstdarstellung ausgesprochen unglaubwürdig. Wie die weiteren Recherchen ergaben, war Wandel selber Mitglied von NSDAP und SS und auch an deren Verbrechen beteiligt.

Als noch unglaubwürdiger offenbarten sich die Aussagen von Sepp Dietrich. Seine Behauptung, dass sein Kommando die Erschießungen in seiner Abwesenheit vorgenommen habe, war falsch. Wie die umfangreichen Ermittlungen im Münchner Schwurgerichtsprozess ergaben, erteilte Dietrich den Befehl zur Erschießung der sechs SA-Männer selbst. Nach Aussage des Münchner Gefängnisdirektors Dr. Robert Koch eröffnete Dietrich den sechs zu beseitigenden Männern das „Urteil": „Sie sind vom Führer zum Tode verurteilt worden. Heil Hitler!" Sodann gab er dem Kommandoführer die Weisung, den Befehl zu vollziehen, wie das Münchner Schwurgericht in seinem Urteil von 1957 feststellte.[139]

139 Vgl. Gritschneder, „Der Führer hat Sie zum Tode verurteilt …", S. 24 ff.

Die SA-Führer wurden im Gefängnishof, einer nach dem anderen, erschossen, zuerst Heydebreck, dann Schneidhuber. Dietrich war bei der Exekution Heydebrecks und seines „alten Kameraden" Schneidhuber anwesend. Dennoch behauptete er, dass er zum „Röhm-Putsch" nicht viel sagen könne. Als die Beweislast erdrückend wurde, räumte Dietrich seine Tatbeteiligung ein und führte zu seiner Entschuldigung an: „Ich stand ganz einfach auf dem Standpunkt, daß mir der Führer niemals einen Befehl erteilen würde, der nicht rechtens gewesen wäre."[140] Das Schwurgericht München verurteilte am 14. Mai 1957 Dietrich wegen Beihilfe zum Totschlag zu einer Gefängnisstrafe von 18 Monaten. Gegen dieses milde Urteil legte die Verteidigung Revision ein, sie wurde am 22. Mai 1958 vom Bundesgerichtshof verworfen.

Unglaubwürdig war auch Kurt Gildisch. Sein hartnäckiges Leugnen machte überhaupt erst die umfangreichen Ermittlungen notwendig. Ein Geständnis legte er erst ab, als die „Gewißheit seiner Schuld immer drückender wurde", wie das Gericht befand. Seine dann abgegebene Behauptung, er wolle der Familie die „quälende Ungewissheit" über den Tod von Klausener nehmen, konnte das Gericht nicht überzeugen, ebenso wenig seine spätere Aussage, er habe Klausner die Ankündigung seines Todes ersparen wollen und ihn deshalb von hinten erschossen. Überhaupt fällt auf, dass Gildisch ähnlich wie Sepp Dietrich nie zu ihren Taten standen, sondern immer versuchten, sich zu rechtfertigen und in Ausreden und Lügen zu flüchten. Beide waren weder zu wirklicher Einsicht noch zu echter Reue fähig war.

Wie das Landgericht feststellte, war Gildisch nicht nur Befehlsempfänger. Er war überzeugter Nationalsozialist und hat die Tat selber gewollt. Danach hatte er genug Zeit, über das Verbrechen machzudenken, er blieb aber unbeirrt und stellte noch 1942 einen Antrag auf Wiederaufnahme in die NSDAP. Auch nach 1945 hatte er keineswegs mit der Bewegung gebrochen, die ihn zum Mörder gemacht hat. Otto Frey hatte den Eindruck, dass er immer noch ein „großer Nazi" sei. Die Briefe

140 Zit. nach ebenda, S. 27.

Gildischs an seine Eltern und seine Frau strotzen vor Selbstmitleid, enthalten aber kein Wort des Bedauerns. Stattdessen wehrte er jegliche Schuld mit dem Hinweis ab, dass er lediglich auf Befehl gehandelt habe. Sepp Dietrich bediente sich derselben Argumentation. Selbst Rudolf Höß, der als Kommandant von Auschwitz an der Ermordung Hunderttausender Menschen beteiligt war, sah sich nur als Befehlsempfänger: „Ich stellte damals keine Überlegungen an – ich hatte den Befehl bekommen – und hatte ihn durchzuführen. Ob diese Massenvernichtung der Juden notwendig war oder nicht, darüber konnte ich mir kein Urteil erlauben, soweit konnte ich nicht sehen. Wenn der Führer selbst die ‚Endlösung der Judenfrage' befohlen hatte, gab es für einen alten Nationalsozialisten keine Überlegungen, noch weniger für einen SS-Führer. ‚Führer befiel, wir folgen' – war keinesfalls eine Phrase."[141] Dazu stellte der Bundesgerichtshof 1952 fest: „Das Strafrecht kennt keinen Entschuldigungsgrund des blinden Gehorsams und kann ihn nicht anerkennen, weil es damit die Grundlagen der Verantwortlichkeit des Menschen als Person aufgeben würde." Gildisch hatte sich freiwillig der SS als einer verbrecherischen Organisation angeschlossen und musste somit damit rechnen, als deren Mitglied in Verbrechen hineingezogen zu werden.

Sepp Dietrich hat sich später gewundert, warum die Gestapo „ausgerechnet" Gildisch für eine derartige Aktion heranzog, sie habe doch genügend andere Personen gehabt. Doch augenscheinlich benutzte Heydrich gerade Gildisch, der zuvor als Leiter des Führerbegleitkommandos gescheitert war, weil er von ihm erwarten konnte, dass er die Befehle ohne Skrupel ausführen würde. Er erhielt die Gelegenheit, sich zu rehabilitieren. Gildisch nutzte die Chance und führte den Mord mit einer außerordentlichen Kaltblütigkeit aus. Danach hat er sich vor Freunden seiner Taten gerühmt.

Völlig verquer war die Logik des Rechtsanwalts Ronge, der Niederschlagung des „Röhm-Putsches" im Nachhinein eine moralische und

141 Rudolf Höß, Kommandant in Auschwitz. Autobiographische Aufzeichnung von Rudolf Höß. Hrsg. von Martin Broszat, Stuttgart 1958, S. 120.

rechtliche Legitimität zu verleihen, nämlich dass „das Stehen auf der Seite Hitler-Himmler-Heydrich gegen Röhm-Ernst u. a. objektiv eine Unterstützung rechtsstaatlicher Bestrebungen gegen den Versuch wäre, das Unrecht weiter zu vertiefen". Auch Ronges Behauptung, dass das „Gesetz über die Staatsnotwehr" vom 3. Juli 1934 von dem gesamten Reichskabinett, also auch von Freiherr von Eltz-Rübenach, unterzeichnet worden sei, ist falsch. Das Gesetz trägt nur die Namen von Hitler, Frick und Gürtner. In einem Punkt hatte Ronge allerdings recht: Die Ermittlungen im Mordfall Klausener brachten zugleich auch Einzelheiten der Morde an Ernst, Dr. Villain u. a. zur Sprache. Gildisch hätte freilich auch in diesen Fällen wegen Beihilfe zum Mord angeklagt werden können.

Die Erwartung von Teilen der Presse, dass mit dem Gildisch-Prozess weitere Hintergründe und Zusammenhänge des „Röhm-Putsches" aufgeklärt werden würden, sind sicherlich nur teilweise erfüllt worden. Doch vermittelte der Lebensweg dieses Mannes einen Einblick in das gesamte Herrschaftssystem der SS-Zeit. Darüber hinaus konnte der Prozess eine Reihe von Details zutage fördern, die von historischem Interesse sind.

Der Mordfall Klausener steht paradigmatisch für die Verlogenheit des NS-Regimes im Verlauf der „Röhm-Aktion". Die Absurdität der Begründung für die Mordaktion als „Notwehrmaßnahme" des Staates tritt hier besonders deutlich in Erscheinung. Denn die Vorstellung, dass Erich Klausener mit „umstürzlerischen Kreisen" in Verbindung gestanden habe, ist völlig abwegig. Die NS-Propaganda stellte die Situation so dar, dass ein Putsch unmittelbar bevorgestanden habe und dass Bürgerkrieg und Chaos nur durch entschlossenes Handeln verhindert werden konnten. Mit der Inhaftierung der vermeintlichen Aufrührer wäre aber die unmittelbare Gefahr behoben gewesen – die Beschuldigten hätten vor ordentliche Gerichte gestellt werden können, wenn es denn tatsächlich einen Putschversuch gegeben hätte. Es gab aber zu keinem Zeitpunkt vonseiten der SA einen Putschversuch. Der ganze „Röhm-Putsch" war konstruiert – ein groß angelegtes Täuschungsmanöver.

Die historischen Fakten haben weite Teile der Öffentlichkeit und sogar der Justiz in der Nachkriegszeit nicht zur Kenntnis genommen. Noch 1957 kam ein bundesdeutsches Gericht zu folgender Einschätzung: „Insgesamt stellte sich das Bild, das die Zeugenaussagen ergaben, so dar, daß in jener Zeit ein Unternehmen der SA-Führung, durch das eine Änderung des bestehenden Zustandes in bezug auf das Verhältnis der SA zum Staat und zur Wehrmacht des Reiches herbeigeführt werden sollte, geplant war, aber nicht schon für den 30. Juni 1934 oder die Tage darauf." Weiter heißt es in der Urteilsbegründung im Dietrich-Prozess: „Angesichts der tatsächlich vorhandenen und erwiesenermaßen der Reichsregierung bekannt gewordenen Bestrebungen der höheren SA-Führung oder mindestens ihrer aktivsten Vertreter auf eine auch gegen den Willen der damaligen Reichsregierung durchzusetzende Herausstellung der SA gegenüber dem von ihr als unbefriedigend empfundenen bisherigen Zustand sind die Maßnahmen Hitlers zur Festnahme der der Beteiligung an diesem Komplott verdächtigen SA-Führer auch bei diesem Stand der Vorbereitungen auf seiner Seite und der Reichswehr vertretbar und verständlich. Die SA-Führer waren hinreichend verdächtig, den Reichskanzler oder andere Mitglieder der Reichsregierung, darunter Reichswehrminister von Blomberg, ihrer verfassungsmäßigen Gewalt zu berauben und deren verfassungsmäßige Befugnisse wenigstens zum Teil ausüben zu wollen."[142]

Dem Gericht hätte bekannt sein müssen, dass nicht einmal die NS-Führung, der sämtliche Unterlagen der SA zur Verfügung standen, einen Beleg für einen Staatsstreich liefern konnte. Zwar äußerten sich einzelne SA-Führer abfällig über Hitler oder brachten ihre Enttäuschung über die Politik des „Führers" zum Ausdruck. Von einem Putsch war jedoch nie die Rede. Röhm wusste als erfahrener Militär, dass er mit seiner heterogenen SA gegen Polizei und Reichswehr nicht viel hätte ausrichten können. Die letzten Handlungen der SA-Führungs-

142 Urteilsbegründung im Sepp Dietrich-Prozess. Zit. nach Gritschneder, „Der Führer hat Sie zum Tode verurteilt …", S. 88 f.

riege kurz vor dem 30. Juni 1934 geben keinen Hinweis darauf, dass sie in unmittelbarer Vorbereitung eines Putsches stand.

Die massive Propaganda verfehlte jedoch ihre Wirkung nicht: Erhebliche Teile der Bevölkerung glaubten tatsächlich, dass mit dem energischen „Durchgreifen" des „Führers" großes Unheil vom deutschen Volk abgewendet worden sei. Doch gab es auch schon damals Kreise, die das konstruierte Lügengebäude eines bevorstehenden „Röhm-Putsches" als Betrugsmanöver durchschaut hatten. Warum haben diese Kreise nicht lautstark ihre Stimme erhoben und Widerstand gegen diese allen menschlichen und rechtsstaatlichen Prinzipien widersprechende Politik geleistet? Warum hat die katholische Kirche nicht wirkungsvoller gegen diese Politik protestiert, wo doch einer ihrer führenden Vertreter von dem Regime in der hinterhältigsten und verleumderischsten Weise brutal ermordet wurde? Warum haben die führenden Mitarbeiter im Reichsverkehrsministerium nicht lautstark ihre Stimme erhoben, als einer ihrer Minister einfach so in seinem Büro niedergeschossen wurde? Warum hat die Reichswehr nicht protestiert, als zwei ihrer Angehörigen unter den fadenscheinigsten Begründungen ermordet und anschließend noch mit Verleumdungen diffamiert wurden?

Die katholische Kirche glaubte mit einer Stillhaltepolitik Hitler beschwichtigen zu können. Die Mitarbeiter im Reichsverkehrsministerium waren so verängstigt, dass sie nicht wagten, ihre Stimme zu erheben. Die Reichswehrführung hätte die Macht gehabt, Hitler entgegenzutreten. Damals wäre es noch möglich gewesen. Die nationalsozialistische Diktatur war zu diesem Zeitpunkt noch nicht gefestigt. Der 30. Juni 1934 war die letzte Gelegenheit, Hitler in die Schranken zu weisen. Die Reichswehr tat aber nichts. Im Gegenteil! Sie hat sich auf die Seite Hitlers geschlagen. Blomberg hatte sogar befohlen, dass kein Offizier an der Beisetzung von General Schleicher teilnehmen durfte.

Der „Röhm-Putsch" war eine Zäsur. Hitler hatte sich selber zum obersten Gerichtsherren ernannt, Reste einer unabhängigen Justiz wurden schrittweise abgebaut. Die Reichswehr wurde auf die Person Adolf Hitlers vereidigt, dem sie „unbedingten Gehorsam" zu leisten habe. Die

SS übernahm überall im Reich nach und nach die politische Polizei und etablierte ihr Terrorsystem. Das Verhängnis nahm seinen Lauf. Im „Röhm-Putsch“ wurden einige Dutzend Menschen willkürlich ermordet, später waren es Hunderttausende.[143]

143 Zur Bewertung der „Röhm-Affäre“ für das NS-Herrschaftssystem vgl. u. a. Richard J. Evans, Das Dritte Reich, Bd. 2: Diktatur, München 2006, und Michael Grüttner, Brandstifter und Biedermänner. Deutschland 1933–1939, Stuttgart 2015.

Anhang

Urteil des Schwurgerichts bei dem Landgericht Berlin
vom 21. und 24. Mai 1951

Aus dem Revisionsantrag von Paul Ronge
vom 19. Juli 1951

Urteil des Schwurgerichts bei dem Landgericht Berlin
vom 18. Mai 1953

Urteil des Schwurgerichts bei dem Landgericht Berli vom 21. und 24. Mai 1951

Im Namen des Volkes !

Strafsache

gegen den berufslosen Kurt Werner Rudolf Gildisch,
geboren am 2. März 1904 in Potrempschen (Ostpr.),
wohnhaft in Berlin-Schmargendorf, Salzbrunner Str. 25
in dieser Sache seit dem 28. August 1950 in Untersuchungshaft, z. Zt. im Untersuchungsgefängnis Alt-Moabit 12a,

wegen Verbrechens gegen die Menschlichkeit.

Das Schwurgericht bei dem Landgericht Berlin hat auf Grund in der Sitzung vom 21. und 24. Mai 1951, an denen teilgenommen haben:

Landgerichtsdirektor Levy
als Vorsitzender,
Landgerichtsrat Zühlsdorff,
Landgerichtsrat Gerstenberg
als beisitzende Richter,
Malerpolier Paul Heidel,
Rohrleger Paul Marschollek,
Hausfrau Marta Möller,
Hausfrau Rosa Hartrodt,
Former Walter Mündler,
Werkzeugmacher Herbert Donath
als Geschworene,
Oberstaatsanwalt Cantor
als Beamter der Staatsanwaltschaft,

Justizsekretärin Habermann
als Urkundsbeamtin der Geschäftsstelle,
Obergärtner Conrad Melzer
als Ersatzgeschworener,

am 24. Mai 1951 für Recht erkannt:

Der Angeklagte wird wegen Verbrechens gegen die Menschlichkeit zu einer Zuchthausstrafe von fünfzehn Jahren verurteilt.
Die bürgerlichen Ehrenrechte werden ihm auf die Dauer von fünfzehn Jahre aberkannt.
Auf die Strafe wird die in dieser Sache erlittene Untersuchungshaft in Höhe von sechs Monaten angerechnet.
Der Angeklagte trägt die Kosten des Verfahrens.

Gründe:

Der Angeklagte wurde am 2. März 1904 in Potrempschen (Ostpr.) geboren. Er besuchte bis zum 14. Lebensjahr die Volksschule daselbst und anschließend ein Lehrerseminar in Kalehne. Nach im Jahre 1924 bestandener Prüfung fand er jedoch infolge der damaligen schlechten Anstellungsverhältnisse keine Möglichkeit, den Lehrerberuf auszuüben. Er bewarb sich deshalb bei der Schutzpolizei in Insterburg und wurde im Jahre 1925 in Sensburg Polizist. Im Oktober 1925 kam er nach Berlin, wo er in verschiedenen Revieren Polizeidienst versah. Wegen nationalsozialistischer Umtriebe, insbesondere Betätigung in nationalsozialistisch ausgerichteten Beamtenverbänden, wurde er im März 1931 fristlos entlassen. Noch im gleichen Jahr trat er der NSDAP und der allgemeinen SS bei. Er lebte zu dieser Zeit von Gelegenheitsarbeiten. Im Frühjahr 1932 gehörte er zu dem sogenannten „Beschattungsdienst“, der im Hotel Kaiserhof zur Sicherheit Hitlers eingerichtet war. Bald darauf wurde er durch Fürsprache des späteren SS-Gruppenführers Daluege beim Begleitkommando Adolf Hitler eingestellt, wo er zunächst seinen Dienst in Zivil, später in Uniform versah. Nach der Machtergreifung schied der frühere Leiter Gelzenleuchter aus und der Angeklagte wurde mit der Führung des Begleitkommandos beauftragt. Er wurde sehr schnell befördert und war im November 1933 bereits SS-Hauptsturmführer. Mitte Juni 1934 wurde er zu einer Ausbildung bei der Leibstandarte „Adolf Hitler“ abkommandiert, die etwa 600 Mann umfaßte. Er versah seinen Dienst hauptsächlich in Berlin-Lichterfelde, wo die Leibstandarte stationiert war.

Am 30. Juni 1934 – am Tage des sogenannten Röhm-Putsches – wurde der Angeklagte zu dem damaligen Gestapochef, dem SS-Gruppenführer Heydrich, in die Prinz Albrechtstraße beordert. Im Zimmer des Heydrich befand sich ein Gestapobeamter in Zivil. Diesem wurde im Beisein des Angeklagten eine Liste mit etwa 16 Namen übergeben mit dem Auftrage, diese auf dem Zettel genannten Personen unter Mitwirkung des Angeklagten und eines Kommandos von etwa 18 SS-Leuten alsbald festzunehmen und zur Exekution der Gestapo zu überstellen. Die Namen dieser Personen will der Angeklagte nicht gekannt haben, da der Zettel nicht ihm, sondern dem Gestapobeamten ausgehändigt worden sei. Heydrich wandte sich aber alsbald an den Angeklagten persönlich mit den Worten: „Sie übernehmen den Fall Klausener, der von Ihnen persönlich zu exekutieren ist“. Er gab hierzu, unter Hinweis auf einen größeren Stapel von Akten kurze Erklärungen dem Sinne nach derart, daß Klausener ein bekannter und gefährlicher Katholikenführer sei, der mit Röhm gegen Hitler konspiriere. Röhm habe eine Revolte gegen Hitler geplant, in die die gesamte höhere SA-Führung verwickelt sei. Weiterhin schärfte er dem Angeklagten ein, daß Eile not tue und er sich sofort zur Ausführung seines Befehls zum Reichsverkehrsministerium in die Wilhelmstraße begeben müsse. – Der Angeklagte, ein überzeugter und Hitler blindlings ergebener Nationalsozialist, führte in Begleitung des Gestapobeamten und unter Mitnahme der 18 SS-Leute den Befehl alsbald und mit voller innerer Zustimmung aus. Er fuhr zur Wilhelmstraße, wo er das Begleitkommando unten warten ließ, und begab sich mit dem Gestapobeamten in den 1. Stock des Ministeriums, wo sich Klauseners Dienstzimmer befand. Klausener, der früher die Polizeiabteilung im Preuß. Innenministerium bekleidet hatte, war zum damaligen Zeitpunkt Ministerialdirektor unter dem Reichsverkehrsminister Eltz-Rübenach. Der Angeklagte wandte sich zunächst an den Zeugen Guder, der als Oberamtsgehilfe dort Dienst tat und fragte ihn nach dem Zimmer des Klausener, den er zu sprechen habe. Im gleichen Augenblick öffnete sich die Tür des Dr. Klausener, der in Hemdsärmeln auf den Flur trat. Guder teilte diesem kurz das Anliegen des Angeklagten mit, worauf Klausener sofort kehrt machte und in sein Zimmer mit dem Angeklagten und dem Gestapobeamten zurückkehrte. Hier eröffnete der Angeklagte dem Dr. Klausener alsbald, daß er den Auftrag habe, ihn wegen seines staatsfeindlichen Verhaltens zu verhaften. Klausener, der gerade sein Gehalt empfangen hatte, bat, dieses und einige andere persönliche Wertsachen in seinem Schreibtisch aufbewahren zu dürfen. Nachdem er dieses getan hatte, wandte er sich zum Gehen. In diesem Augenblick zog der Angeklagte seine Privatpistole, die er außer seiner Dienstpistole (einem Parabellum) stets bei sich führte und schoß ihm von der rechten Seite, aber etwas hinter Klausener stehend, aus einer Entfernung von ca. 1 ½ m in die hintere rechte Schädelseite, derart, daß Klausener weder das Ziehen der Pistole noch das Abfeuern bemerken konnte. Klausener stürzte sofort tot zu Boden. Der Angeklagte überzeugte sich von der Leblosigkeit seines Opfers und begab sich alsbald an den Dienstapparat des Klausener, um Heydrich anzurufen. Er teilte Heydrich auftragsgemäß den Vollzug des Befehls mit. Heydrich gab ihm telefonisch die Anweisung, einen Selbstmord des Klausener dadurch vorzutäuschen, daß er neben den Arm des Klausener seine Pistole legen solle. Er gab ihm weiterhin den Befehl, Posten vor dem Dienstzimmer des Klausener aufstellen zu lassen, um jeden Zutritt seitens Dritter dadurch zu verhindern. Der Angeklagte führte auch diese Befehle aus und ließ durch den Zeugen Guder zwei SS-Leute der unten bereitstehenden Mannschaft heraufkommen, die sich vor das Dienstzimmer des Klausener stellten. Alsbald begab sich der Angeklagte, der sich nunmehr von dem Gestapobeamten trennte, zu Heydrich zurück. Von diesem erhielt er den weiteren Befehl, den in Bremen befindlichen SA-Gruppenführer Ernst zu verhaften und mit einem Flugzeug nach Berlin zu bringen. Auch diesen Befehl führte der Angeklagte aus. Ernst wurde in Bremen von ihm verhaftet, nach Berlin und hier zur Kadettenanstalt Lichterfelde überführt, wo Ernst in seinem Beisein alsbald erschossen wurde. Am nächsten Tag brachte der Angeklagte auf weitere Aufträge des Heydrich hin auch noch einen Oberführer Klein, Adjutant des schlesischen SA-Führers Heynes, und einen Dr. Villain nach Lichterfelde. Diese beiden Personen wurden dort ebenfalls erschossen.

Dieser Sachverhalt steht fest auf Grund des erstmalig in der Hauptverhandlung abgelegten vollen glaubhaften Geständnisses des Angeklagten und den eidlichen Aussagen des Zeugen Guder. Der Angeklagte, dessen Verhaftung durch das Wiedererkennen eines früheren Freundes, des nicht erschienenen Zeugen Frey, im August herbeigeführt war, hatte von Anfang an lediglich zugegeben, daß er von Heydrich den oben beschriebenen Auftrag erhalten habe, wobei er allerdings bei seiner ersten Vernehmung vor der Polizei nur einen Auftrag zur Verhaftung des Dr. Klausener und seiner Überstellung an die Gestapo zugab. Erst bei seiner Vernehmung vor dem Untersuchungsrichter erklärte er, einen Auftrag zur Exekutierung des Dr. Klausener gehabt zu haben, den er aber nicht ausgeführt habe, da er von einem Melder aus der Truppe des Ministeriums zu Heydrich zurückberufen worden sei. Er schrieb dann während der Untersuchungshaft zwei Briefe an Angehörige vom 7. 11. 1950 und 6. 5. 1951 (Bd. 1 Bl. 226 und Bd. 2 Bl. 132 d. A.), die allerdings, wie sich aus den weiter unten zu treffenden Erörterungen ergibt, ein Eingeständnis der Tat implicite enthalten. Dennoch kann man diese Briefe nicht als offizielles Geständnis werten, da sie nicht zu diesem Zwecke abgefasst wurden und nicht für die Öffentlichkeit bestimmt waren. Ein eigentliches Geständnis privater Natur hat der Angeklagte, wie er auf ausdrückliches Befragen zugibt, erst kurze Zeit vor der Verhandlung seinem Verteidiger gemacht, mit der Bitte, diesem sein Geständnis in der Hauptverhandlung vorzutragen.

Der Angeklagte führt zu den inneren Motiven, die ihn zu der Tat, insoweit es sich um die Tötung des Dr. Klausener handelt, bewogen haben, folgendes aus:

Er sei durch seinen Treueid auf Adolf Hitler an jeglichen Befehl gebunden gewesen, der ihm von diesem oder von seinen sonstigen direkten Vorgesetzten erteilt worden sei. Er habe nach den Ausführungen des Heydrich unbedingt annehmen müssen, daß Röhm eine Revolte mit dem Ziele der Beseitigung Adolf Hitlers plane, daß somit ein außergewöhnlicher Zustand herrsche, der auch außergewöhnliche Maßnahmen erzwänge. Es sei nicht seine Aufgabe gewesen, Heydrich nach Einzelheiten zu fragen, er habe vielmehr gewissermaßen als Soldat einem solchen Befehl blindlings folgen müssen. Hitler sei ihm näher gestanden, als der ihm völlig unbekannte Dr. Klausener, so daß also persönliche Gefühle für oder gegen diesen letzteren überhaupt ausgeschieden seien. Zwar seien ihm aus seiner Eigenschaft als Führer des Begleitkommandos und durch den ständigen Umgang mit Hitler auch dessen persönliche Schwächen bekannt gewesen; er habe ihn, wie er sich ausdrückt, in seiner Nacktheit gekannt, auch gewußt, daß unter dem Naziregime bereits damals gewisse Ausschreitungen vorgekommen seien. Von eigentlichen sogen. Aktionen – worunter der Angeklagte die Beseitigung von Feinden des damaligen Regimes versteht – sei ihm jedoch nichts bekannt gewesen. Er sei der Idee des Nationalsozialismus völlig verfallen und innerlich von ihrer Richtigkeit völlig überzeugt gewesen. Er habe sich zwar über den ihm erteilten Befehl zur Tötung des Dr. Klausener keine Gedanken im einzelnen gemacht, habe sie aber als notwendige Maßnahme nach der Belehrung durch Heydrich erkannt und gut geheißen. Daß er die Tat mit irgendeinem inneren Widerstreben oder Zögern ausgeführt habe, stellt der Angeklagte auf ausdrückliches Befragen durch das Gericht in Abrede. Er sei vielmehr der Überzeugung gewesen, daß Dr. Klausener auch als gefährlicher Katholikenführer ausgemerzt werden müsse. Er räumt auch ein, eine solche Erklärung kurze Zeit später in dem Lokal „Danziger Lachs“ seinem Freunde Frey gegenüber abgegeben zu haben, als dieser ihn wegen der Ermordung des Dr. Klausener zur Rede stellte.

Auf ausdrückliches Befragen des Gerichts hat der Angeklagte auch eingeräumt, daß er weder wegen der weiteren Ermordung des Ernst und der beiden anderen Männer zum damaligen Zeitpunkt oder auch nur später irgendwelche Gewissensbisse empfunden habe. Er sei immer, jedenfalls bis zum Kriegsende, ein überzeugter Nationalsozialist gewesen und habe alles, was von höchster Stelle befohlen wurde, für richtig gehalten.

Die Anklage wirft dem Angeklagten wegen der Tötung des Dr. Klausener ein Menschlichkeitsverbrechen i. S. des Kontrollratsgesetzes Nr. 10 vor. Sie hält insbesondere den Tatbestand des Artikel II 1 c, 2. Halbsatz für gegeben: Verfolgung aus politischen Gründen durch Erschiessen. Eine Anklage wegen Mordes ist nicht erhoben. Es war auch nicht zu prüfen, ob die Tat des Angeklagten sich gleichzeitig als ein Mord i. S. des § 211 StGB. darstellt, da das Kontrollratsgesetz Nr. 10 als Spezialgesetz gegenüber den deutschen Strafrechtsbestimmungen anzusehen ist. Es war deshalb auch für die Beurteilung der Schwere der Tat nicht nötig, festzustellen, ob sie die Tatbestandsmerkmale des Mordes erfüllt, da das Kontrollratsgesetz Nr. 10 im Artikel II Ziffer 3 als Strafe jede Strafe von der Todesstrafe bis zum bloßen Verlust der bürgerlichen Ehrenrechte wahlweise zuläßt. Daraus ergibt sich, daß einmal zur Verhängung der Todesstrafe bzw. nunmehr nach deren Fortfall zu lebenslänglichem Zuchthaus nach dem genannten Gesetz weder Feststellungen eines Mordes i. S. des deutschen Strafrechts erforderlich sind, noch umgekehrt die etwa erwiesenen Voraussetzungen des § 211 StGB. zur Verhängung der Todesstrafe bzw. Zuchthaus auf Lebenszeit zwingen, falls die Tat unter dem Gesichtspunkte des Menschlichkeitsverbrechens abgeurteilt werden soll.

Für die rechtliche Prüfung des oben festgestellten Sachverhalts war somit lediglich das Kontrollratsgesetz Nr. 10 zu prüfen und das deutsche Strafgesetz nur insoweit, als es neben diesem Gesetz in seinem allgemeinen Teil zur Anwendung zu bringen ist, d. h. also insbesondere die §§ 51 ff. StGB.

Daß die Tötung des Dr. Klausener eine politische Verfolgung darstellt, bedarf nach den oben getroffenen tatsächlichen Feststellungen keiner näheren Begründung: Dr. Klausener sollte als angeblich politisch untragbare Person beseitigt werden. Diesen Auftrag hatte der Angeklagte und zwar auch mit dieser Begründung. Hätte der Angeklagte diesen Auftrag völlig gedankenlos und lediglich aus einer Art Kadavergehorsam heraus ausgeführt, so könnte man allerdings zweifeln, ob in seiner Person eine „Verfolgung aus politischen oder religiösen Gründen" vorläge, diese nicht vielmehr nur bei seinen Auftraggebern bezw. Hitler selbst gegeben wäre. Diese Frage ist jedoch nach der eigenen Einlassung des Angeklagten von vornherein eindeutig zu Lasten des Angeklagten dadurch geklärt, als dieser selbst mit uneingeschränkter Offenheit erklärt, daß er dem Befehl zwar ohne weiteres Nachdenken gefolgt sei, daß er aber gleichzeitig aus seiner ganzen Einstellung heraus seine innere Zustimmung gefunden habe, ein Verhalten, das nach der Überzeugung des Schwurgerichts nicht widersprüchlich ist, da das zustimmende Verhalten mehr eine Angelegenheit des Gefühles ist als eine solche des Nachdenkens. Damit ist aber auch zugleich festgestellt, daß der Angeklagte den auch bei der Anwendung dieses Gesetzes erforderlichen Vorsatz, und zwar den unbedingten Vorsatz, gehabt hat: Er wollte Dr. Klausener töten, um den ihm erteilten Befehl des Heydrich zur Ausführung zu bringen und er wußte, daß dieser Befehl ein solcher war, der von der Rechtsordnung, wie sie damals nach außen hin noch in vollem Umfange bestand, nicht gebilligt werden konnte; daß dies ein Akt der Willkür und des Terrors war; daß es damals noch ordentliche Gerichte gab, die ausschließlich zur Aburteilung derartiger, dem Klausener vorgeworfenen Verbrechen, zuständig waren. Daß er auf Grund seiner politischen Weltanschauung Adolf Hitler und seine Organe möglicherweise für über und außerhalb der Rechtsordnung stehende Persönlichkeiten hielt – eine solche Auffassung scheint der Angeklagte mit seiner Einlassung anzudeuten – bedeutet nicht ein Fehlen des Vorsatzes i. S. des Kontrollratsgesetzes, dessen geschütztes Rechtsgut ja gerade die Menschlichkeit, die humanitas, ist, über die sich der Angeklagte und seine Auftraggeber bewußt hinweggesetzt haben.

Daß er die Tat nicht aus eigener Initiative begangen hat, sondern auf höheren Befehl, kann ihn, soweit es sich um die Feststellung der Schuldfrage handelt, nicht entlasten: Artikel II Ziffer 4 b des Kontrollratsgesetzes Nr. 10 bestimmt, daß der Befehl des Vorgesetzten nicht von der Verantwortlichkeit für ein Verbrechen befreit, sondern lediglich strafmildernd berücksichtigt werden kann.

Damit findet zugleich die sonst zu stellende Frage, inwieweit ein Handeln durch bindende Dienstbefehle gerechtfertigt sein könnte, insoweit ihre Erledigung: Dieser Befehl war eben nicht rechtmäßig und wird durch die angezogene Bestimmung des Kontrollratsgesetzes Nr. 10 ausdrücklich als unrechtmäßig charakterisiert.

Darüber hinaus jedoch war für die Feststellung der Schuldfrage zu prüfen, inwieweit dem Angeklagten sonstige Rechtfertigungsgründe i. S. der §§ 52 ff. StGB. zur Seite stehen. Es war insbesondere zu prüfen, ob die Voraussetzungen der Notwehr, vor allem der sogen. Staatsnotwehr, des Notstandes oder des im Gesetz nicht geregelten sogenannten übergesetzlichen Notstandes im vorliegenden Falle vorlagen.

Das Schwurgericht ist in Übereinstimmung mit der Verteidigung der auch in der Rechtsprechung zum Ausdruck gekommenen Meinung, daß all diese Fragen von Amts wegen zu prüfen waren, daß es also nicht darauf ankommt, ob und inwieweit der Angeklagte sich in seiner Einlassung auf das Vorliegen derartiger Straf- oder Schuldausschließungsgründe ausdrücklich beruft, es ist aber zu der Überzeugung gelangt, daß keine dieser Voraussetzungen bei dem Angeklagten vorlagen, als er die ihm befohlene Tat ausführte.

Eine allgemeine Notwehrlage i. S. § 53 StGB. liegt nicht vor, da der Angeklagte sich nicht im Verteidigungszustand gegen einen gegenwärtigen rechtswidrigen Angriff des Dr. Klausener auf sich oder einen anderen befand (§ 53 Abs. II). Einen Angriff des Dr. Klausener auf ihn, den Angeklagten, behauptet dieser selbst nicht. Insoweit mit dem angeblichen staatsfeindlichen Verhalten und der Beteiligung an dem angeblich von Röhm geplanten Putsch seitens des Dr. Klausener ein Angriff auf die in der Person Adolf Hitlers verkörperte Staatsordnung geplant sein könnte, handelt es sich um den Fall der sogen. Staatsnotwehr. Diese wird im Schrifttum für grundsätzlich zulässig angesehen (vgl. Schönke, Komm. z. StGB. zu § 53 Anm. III). Aber auch diese Staatsnotwehr, die nur einen Spezialfall der allgemeinen Notwehr darstellt, setzt voraus, daß die zum Schutze des Staates unternommene Handlung sich als eine erforderliche Verteidigung i. S. § 53 Abs. II darstellt. Auch bei der Staatsnotwehr ist nicht schlechthin alles erlaubt, was zum Schutze der wirklichen oder vermeintlichen öffentlichen Interessen unternommen wird, sondern nur dasjenige, was sich im Rahmen des hierfür Erforderlichen hält. Nun aber war dem Angeklagten nicht nur auf Grund seiner allgemeinen Bildung und seiner Intelligenz, sondern insbesondere auch als ehemaligem Polizisten genauestens bekannt und bewußt, daß zur Unschädlichmachung des Dr. Klausener seine alsbaldige und ohne gerichtliches Urteil vollzogene Tötung nicht erforderlich war, daß hierfür vielmehr zunächst seine Verhaftung und Auslieferung an die Gestapo vollauf genügte. Es scheidet somit auch der Fall eines sogenannten Notwehrexzesses aus, da dieser bei der Staatsnotwehr ebenso wie bei der gewöhnlichen Notwehr voraussetzt, daß der Täter über die Grenzen der zulässigen Abwehr infolge von Bestürzung, Furcht oder Schrecken hinausgegangen ist (§ 53 Abs. 3 StGB.), Voraussetzungen, die hier aber weder von dem Angeklagten behauptet sind, noch sich aus dem Sachverhalt irgendwie ergeben.

Die Verteidigung stützt sich deshalb in erster Linie auf die Bestimmung des Notstandes i. S. § 54 StGB. Dieser liegt dann vor, wenn die Handlung außer dem Falle der Notwehr in einem unverschuldeten, auf andere Weise nicht zu beseitigenden Notstande zur Rettung aus einer gegenwärtigen Gefahr für Leib oder Leben des Täters oder eines Angehörigen begangen worden ist. Die Verteidigung verkennt hierbei nicht, dass der Angeklagte den Dr. Klausener getötet hat, weil er den Auftrag hierzu hatte und daß er diesem Befehl blindlings nachgekommen ist, ohne an eine etwaige Gefahr für sein eigenes Leben hierbei zu denken.

Sie glaubt jedoch, daß eine derartige Vorstellung bei dem Täter nicht obzuwalten brauche, daß vielmehr eine Notstandslage rein objektiv schon dann vorläge, wenn der Täter im Falle der Unterlassung der Tat eine Gefahr für Leib oder Leben eingegangen wäre. Es soll der Verteidigung in diesem Zusammenhange eingeräumt werden, daß solch eine Gefahr für den Angeklagten objektiv möglicherweise vorlag, daß mit anderen Worten der Angeklagte seinerseits möglicherweise „liquidiert" worden wäre, wenn er dem Befehl nicht Folge geleistet haben würde. Die Verteidigung irrt jedoch, wenn sie meint, daß eine solche rein objektiv vorliegende Situation zur Annahme eines Notstandes im Sinne des § 54 StGB. ausreiche.

Diese Auffassung der Verteidigung findet weder in der Rechtsprechung noch in der Rechtslehre irgendwelche Stütze; sie kann dies auch nicht, da der klare Wortlaut des § 54 StGB. dieser Auslegung entgegensteht: Dieser besagt gerade, daß die Handlung <u>zur</u> Rettung aus der Gefahr für Leib und Leben begangen sein muß, d. h. also, daß die Tat <u>dem Zwecke</u> dienen muss; eine derartige Gefahr von sich oder einem Angehörigen abzuwenden. Damit ist aber eben durch den Zweckcharakter dieses Verhaltens ein subjektives Moment in die Bestimmung des Notstandes vom Gesetzgeber aufgenommen, das ebensowenig hinweggedacht werden kann wie beispielsweise das ebenfalls subjektive Moment der bewußten Irrtumserregung beim Betruge. Die Auffassung der Verteidigung könnte nur dann zum Zuge kommen, wenn der Gesetzgeber den Notstandsbegriff etwa derart formuliert hätte, daß eine strafbare Handlung dann nicht vorhanden ist, wenn die Unterlassung der betreffenden Handlung eine Gefahr für Leib oder Leben des Täters mit sich bringt, ohne daß der Täter sich dieser Gefahr bewußt zu sein braucht oder aber mit Rücksicht auf sie die Tat begangen hat.

Die vorstehenden Ausführungen können zusammenfassend auch so ausgedrückt werden, daß eine Notstandshandlung dann nicht vorliegt, wenn der Täter die betreffende Tat <u>auf jeden Fall</u> begangen haben würde, also auch dann, wenn ihre Unterlassung nicht zu der Leib oder Leben bedrohenden Gefahr geführt hätte. Diese Situation aber ist im

Falle des Angeklagten nach der Überzeugung des Schwurgerichts gegeben: Aus der eigenen Einlassung des Angeklagten, der seine Tat mit innerer Überzeugung und Zustimmung begangen hat, ergibt sich der logisch zwingende Schluß, daß er sie nicht begangen haben kann, <u>um</u> eine Gefahr für Leib oder Leben von sich abzuwenden. Das Schwurgericht ist vielmehr der Überzeugung, daß der Angeklagte es für unvereinbar mit seinen Pflichten als SS-Hauptsturmführer gehalten haben würde, wenn er den Befehl nicht ausgeführt hätte, daß er also die Tat auch dann begangen haben würde, wenn ihm etwa sein Vorgesetzter Heydrich glaubhaft versichert haben würde, daß ihm, dem Angeklagten, nichts Nachteiliges geschehen werde, wenn er diesen Befehl nicht ausführen würde. Eine derartige Frage hat allerdings das Schwurgericht dem Angeklagten nicht vorgelegt. Es hat hierin aber keine unzulässige Unterlassung seiner Auskunfts- und Ermittlungspflicht gesehen, weil es selbst bei einer entsprechenden zustimmenden Beantwortung dieser Frage durch den Angeklagten dieser seiner Erklärung den Glauben versagt haben würde und zwar auf Grund seiner gesamten sonstigen Einlassung, aus der sich, wie oben ausgeführt, eindeutig ergibt, daß der Angeklagte ohne jede Nachprüfung zur Ausführung des Befehls fest und ohne jede innere Hemmung entschlossen war. In diesem Zusammenhang ist auch auf eine Entscheidung des OGH hinzuweisen, wonach eine Berufung auf Notstand nur zulässig ist, wenn dem Täter keine andere, dem Sittengesetz entsprechende Wahl blieb, als den Befehl auszuführen, wenn er in dem Bewußtsein der Gefahr aus §§ 52 und 54 StGB. und dem Bestreben, ihr auszuweichen, sich zu der befohlenen Handlung entschloß. (Abgedruckt bei Dalcke zum Kontrollratsgesetz Nr. 10 Art. II 4 b, Anm. 4.)

Was schließlich den sogen. <u>übergesetzlichen Notstand</u> anlangt, so liegt dieser nach Rechtsprechung und Rechtslehre nur dann vor, wenn eine den äußeren Tatbestand einer Straftat erfüllende Handlung das einzige Mittel ist, um ein Rechtsgut zu schützen und hierbei auf Kosten einer minderen Pflicht eine höhere erfüllt bzw. das höherwertige Gut auf Kosten des geringwertigen zu wahren ist. Nun kann allerdings dem

Angeklagten zumindest von der subjektiven Seite her zugute gehalten werden, daß er, wie er sagt, Hitler näher stand als Dr. Klausener, daß ihm mit anderen Worten das Leben Hitlers und die Erhaltung des nationalsozialistischen Staates wichtiger gewesen sei, als das Leben des ihm gleichgültigen Dr. Klausener, dessen Wertigkeit im Zusammenhange der Rechtsordnung mithin gegenüber dem Leben des „Führers" nur eine geringe sei. Auch würden prinzipiell keine Bedenken bestehen, auch im Fall des übergesetzlichen Notstandes den Begriff des sogen. Putativ- (also nur vermeintlichen) Notstandes zur Anwendung zu bringen. Immer aber müssen auch beim übergesetzlichen Notstande die Umstände so liegen, daß die aus ihm erwachsene Handlung das einzige Mittel ist, um das angeblich höhere Rechtsgut zu schützen. In diesem Punkte gilt aber das oben bereits Ausgeführte, daß nämlich der Angeklagte sehr wohl wußte, daß die Ausmerzung des Dr. Klausener, d. h. die Vernichtung des seiner Meinung nach geringwertigeren Rechtsgutes, sehr wohl auf anderem und gesetzlicherem Wege erfolgen konnte als durch seine unmittelbare und ohne vorangegangenes Urteil erfolgte Erschießung. Im übrigen gilt auch für den übergesetzlichen Notstand, daß der Täter sich einer gewissenhaften Prüfung zu unterziehen hat, ob ein Widerstreit solch rechtlich geschützter Güter überhaupt vorliegt, der nur durch Verletzung des einen Gutes, d. h. hier nur durch die Tötung des Dr. Klausener, gelöst werden kann. (Vgl. hierzu Schönke Anm. 8 a vor § 51 ff.).

§ 59 StGB. (Irrtum) liegt ebenfalls nicht vor. Die Verteidigung beruft sich hierfür auf eine Entscheidung des BGH in Juristenzeitung 1951 Heft 7/8 S. 234. Hier lag der Fall jedoch so, daß der Angeklagte als Postenführer des mit Aufgaben der Gestapo mitbetrauten Grenzpolizeipostens im Jahre 1944 einen kriegsgefangenen Polen vorsätzlich getötet hat, indem er dem zur Hinrichtung Abgeführten die Schlinge um den Hals legte, worauf die Todesstrafe durch Erhängen vollstreckt wurde, der Angeklagte aber sich hierzu befugt und verpflichtet glaubte, weil er auf Grund eines Fernschreibens einer Gau-Gestapostelle an eine irgendwie geartete, auf gesetzlicher Bestimmung beruhende „Verurteilung", wenn auch nicht durch ordentliche Gerichte, geglaubt hatte. Auf Grund dieses Sachverhalts wurde der Angeklagte unter dem Gesichtspunkt des außerstrafrechtlichen Irrtums freigesprochen. Der Angeklagte Gildisch hat aber an eine derartige Verurteilung nicht geglaubt, sie liegt auch nicht vor. Er wußte vielmehr, daß Dr. Klausener ohne Urteil lediglich auf Befehl des Heydrich erschossen werden sollte. Eine „irgendwie geartete Verurteilung" des Dr. Klausener lag auch nicht etwa deshalb vor, weil Hitler am 13. 7. 1934 vor dem Reichstag erklärte, daß er sich in dieser Stunde als verantwortlich für das Schicksal der deutschen Nation hielt und „damit des deutschen Volkes oberster Gerichtsherr in diesen 24 Stunden" er selbst sei. (Abgedruckt bei Dr. Otto Strasser, „Die deutsche Bartholomäusnacht", S. 234). Diese Erklärung Hitlers war lediglich ein schwacher und fadenscheiniger Versuch, die brutale Abschlachtung seiner angeblichen Gegner hinterher vor der Welt zu rechtfertigen. Irgendwelche gesetzlichen Grundlagen dafür, daß er unter Ausschaltung der ordentlichen Gerichte als oberster Gerichtsherr selbst Urteile zu sprechen hatte, waren nicht vorhanden. Diese Erklärung ist überdies 14 Tage nach den infrage stehenden Vorfällen des 30. 6. 1934 abgegeben worden und war dem Angeklagten zur Zeit der Tat mithin nicht bekannt.

Zusammenfassend ist somit festzustellen, daß dem Angeklagten bei der Feststellung der Schuld keine der strafausschließenden Gründe der §§ 51 ff. StGB. zur Seite stehen.

Hiermit ist festgestellt, daß der Angeklagte den Dr. Klausener am 30. Juni 1934 aus politischen Gründen erschossen, also verfolgt und damit gegen die Menschlichkeit verstoßen hat. (Kontrollratsgesetz Nr. 10 Art. II 1 c).

Was das Strafmaß anbelangt, so mußten hierfür die Persönlichkeit des Täters in ihrem vollen Umfange und auch sein weiteres Verhalten und sein Lebensschicksal nach der Tat herangezogen werden.

Der Angeklagte wurde im Jahre 1934 nach Dresden versetzt und später Sturmbannführer in Leipzig. Infolge einer öffentlichen Beleidigung des damaligen Polizeipräsidenten Knofe, die in Volltrunkenheit erfolgte, wurde er im Jahre 1936 zu 5 Monaten Gefängnis verurteilt. Infolge dieser Strafe wurde er seines Dienstgrades enthoben und auch aus der Partei ausgeschlossen. Er fand später eine Beschäftigung bei der J. G. Farbenindustrie. Im Jahre 1939 wurde er auf Anraten Himmlers in München als einfacher SS-Mann einberufen. Er kam dann zu einer Strafeinheit und an die Westfront nach Frankreich, später zu einer Junkerschule in Bad Tölz und an die Ostfront. Im Jahre 1944 wurde er verwundet. Diese Verwundung führte später zur Amputation des rechten Beines.

Im Jahre 1942 hatte er durch den Reichsführer SS an die Kanzlei des „Führers" ein Gnadengesuch um Wiederaufnahme in die Partei gerichtet, das jedoch einstweilen abgelehnt wurde.

In den Jahren vor seiner jetzigen Verhaftung erhielt er eine Ausbildung als Buchbinder im Sozialwerk der evangelischen Kirche.

Der Angeklagte erklärt in der Hauptverhandlung, er sei von seinem damaligen Verhalten abgerückt. Er habe sich im Laufe dieses langen Zeitraumes völlig gewandelt und stehe heute als Mann mit einer anderen Denkungsart da, als er es zum damaligen Zeitpunkt gewesen sei. Diesen Ausführungen des Angeklagten hat das Gericht nur in sehr beschränktem Umfange folgen können. Daß der Angeklagte eine ernstliche Wandlung durchgemacht habe, war aus seinem Verhalten in der Hauptverhandlung und auch während des Vorverfahrens nicht zu erkennen. Seine bloße Versicherung nach dieser Richtung hin konnte dem Schwurgericht nicht genügen. Daß der Angeklagte seine Tat als eine im höchsten Maße verwerfliche erkannt und daß ihn ernstliche Reue ergriffen habe, konnte nicht festgestellt werden. Er will das Gericht dies dadurch glauben machen, daß er auf sein nunmehr abgelegtes Geständnis hinweist, zudem ihn auch sein innerer Wunsch gedrängt habe, der Familie des Getöteten nunmehr endgültig volle Gewißheit über die Frage zu verschaffen, ob Dr. Klausener seinerzeit ermordet oder durch Selbstmord aus dem Leben geschieden sei. Daß dies das vorherrschende oder auch nur wesentlich mitsprechende Motiv für das nunmehrige Geständnis des Angeklagten war, hat das Schwurgericht nicht feststellen können. Der Angeklagte hätte im Laufe der langen Untersuchungshaft zu dieser Erkenntnis längst kommen und ein Geständnis ablegen können. Er hat dies erst dann getan, als durch die infolge seines Bestreitens sehr umfangreichen Ermittlungen, kommissarische Vernehmungen verschiedener Zeugen usw. die Gewißheit seiner Schuld immer drückender wurde, als vor allem der Zeuge Guder bei Gegenüberstellung den Angeklagten einwandfrei und mit völliger Gewißheit vor dem Untersuchungsrichter als den Täter wiedererkannte. Auch sonst zeigte die Gesamthaltung des Angeklagten vor Gericht, daß er nicht der Typ ist, der einer ernstlichen inneren Umkehr jedenfalls bis zum jetzigen Zeitpunkt fähig ist. Daß den Angeklagten mit seiner jetzigen Ehefrau aufrichtige Liebe und Anhänglichkeit verbindet, zeigt, daß auch der Angeklagte nicht bar jeden menschlichen Gefühles ist. Das bedeutet aber noch nicht, daß diese Empfindungen, die jeder nicht völlig verrohte Mensch zu haben pflegt, auf eine innere Umkehr hinsichtlich der damaligen Tat schließen lassen.

Auch sein sonstiges Verhalten in den ganzen Jahren nach 1933 und schließlich seine aus der Untersuchungshaft an seine Angehörigen geschriebenen oben zitierten Briefe, die zum Gegenstand der mündlichen Verhandlung gemacht wurden, lassen nicht erkennen, daß der Angeklagte jemals von seiner Tat innerlich entscheidend abgerückt ist. Nachdem er aus der Partei im Jahre 1936 ausgeschlossen war und sämtliche Würden verloren hatte, hätte er, als zu keinem Parteidienst mehr verpflichtet, Zeit genug gehabt, über seine Tat nachzudenken und sie zu verwerfen. Es war ihm bekannt, welche Empörung die Vorgänge des 30. Juni 1934 nicht nur in Deutschland, sondern in der ganzen Welt und innerhalb Deutschlands selbst bei vielen an sich überzeugten Parteianhängern ausgelöst hatte. Dennoch glaubte er sich genötigt, seine Wiederaufnahme in die Partei noch im Jahre 1942 betreiben zu sollen.

So versicherte er auch in seinem Brief vom 7. 11. 1950 (Bd. 1 S. 226), er sei vom Nationalsozialismus magnetisiert gewesen und habe sich mit ganzer Person zur Verfügung gestellt. Er habe den von ihm geleisteten Treueeid bis zum Tage des Zusammenbruchs gehalten und sei immer von der Lauterkeit und Wahrheit der Idee überzeugt gewesen. In seinem Brief vom 6. 5. 1951 (Bd. II S. 132) behauptet er zwar, daß er das, was er getan habe, nicht aus freiem Willen und Entschluß getan habe und spricht weiterhin von den „eventuellen" Irrtümern seiner damaligen Vorgesetzten. Weiterhin erklärt er aber in diesem Brief, er glaube nicht, daß der bevorstehende Urteilsspruch dann Gottes Schlußstrich in seinem Falle wäre. In dem gleichen Brief erklärt er schließlich noch, daß seinem deutschen Blute niemand Einhalt gebieten könne, weiterhin nur und erst recht deutsch zu schlagen. Auch diese Briefe, von denen der Angeklagte wußte, daß sie der Briefzensur unterlagen und mithin zur Kenntnis des Gerichts gelangten, lassen nach den angeführten Zitaten ein wirkliches Reuegefühl oder auch nur ein ernstliches Abrücken von seiner damaligen Tat nicht erkennen.

Wenn der Angeklagte sich zur Entschuldigung seiner Tat schließlich auf seine korrekte und an Disziplin gewohnte soldatische Natur beruft, so ist dem entgegen zu halten, daß er sich trotz dieser Eigenschaften als Polizist vor 1933 nicht scheute, sich nationalsozialistischen Umtrieben hinzugeben und Stimmung zu machen für Ziele der Partei, gegen deren gesetz- und polizeiwidriges Verhalten einzuschreiten damals gerade Aufgabe der Institution war, der er angehörte.

Dem stehen allerdings eine Reihe nicht unbeträchtlicher Milderungsgründe gegenüber:

So konnte das Schwurgericht an der Tatsache des Geständnisses als solchem auch dann nicht vorübergehen, wenn es auch, nach der Überzeugung des Gerichts, nicht eigentlicher Reue oder Umkehr entsprang. Ferner fiel erheblich zu Gunsten des Angeklagten ins Gewicht, daß er an der Planung des Verbrechens vom 30. Juni nicht mitgewirkt hat, daß er insoweit lediglich ein ausführendes Werkzeug der oberen Instanzen war; ein Werkzeug allerdings, das sich mit vollem Einverständnis und ohne jeden Gewissensskrupel benutzen ließ. Daß er nicht aus eigener Initiative gehandelt hat, sondern den Befehl seines Vorgesetzten Heydrich befolgte, ohne hierbei über die ihm erteilten Anweisungen hinaus zu gehen, hat das Schwurgericht ebenfalls in weitem Umfange gemäß Kontrollratsgesetz Nr. 10 Art. 4 b als strafmildernd berücksichtigt. Wenn er mit der Tötung des Dr. Klausener einen Selbstmord des Getöteten vorzutäuschen suchte, so hat das Gericht diesem Umstand nicht erschwerend verwertet, da dies ebenfalls auf eine ausdrückliche Anweisung des Heydrich hin erfolgte, die erst nach der Ausführung der Tat gegeben wurde. Wäre eine entsprechende Anweisung durch Heydrich vor der Tatausführung, also schon bei der Entgegennahme des ersten Befehls erfolgt, so würde dieser Umstand allerdings den Angeklagten erheblich belasten, da ihm dann von Anfang an klar geworden sein müßte, daß die zur Ermordung des Dr. Klausener führenden Gründe äußerst fadenscheinig waren. Es bestand aber kein Grund, dem Angeklagten seine diesbezügliche Einlassung nicht zu glauben. Vielmehr spricht sogar eine gewisse Wahrscheinlichkeit dafür, daß Heydrich ihm diese Anweisung nicht vorher erteilt hat, da sie möglicherweise den Angeklagten als korrekten Soldaten, als der er sich jedenfalls fühlte, in seinem Entschluß, den Befehl strikt zu befolgen, hätte wankend machen können.

Auch daß der Angeklagte infolge des Krieges eine schwere körperliche Behinderung davongetragen hat, wurde dem Angeklagten bei der Strafzumessung mildernd angerechnet.

Schließlich wurde auch nicht berücksichtigt, daß der Angeklagte durch mancherlei Schicksalsschläge, wozu auch eine längere russische Gefangenschaft in den Jahren 1945/46 gehört, heute ein anderer Mensch ist, als er es zum Zeitpunkt der Tat war. In Anbetracht dessen allerdings, daß diese charakterliche und konstitutionelle Veränderung des Angeklagten nach dem Ausgeführten nicht den Grad einer wirklichen inneren Umkehr erreicht hat, konnte dieses strafmildernde Moment nur in geringem Umfang ins Gewicht fallen. Was schließlich den auch bei Menschlichkeitsverbrechen anzuwendenden Gesichtspunkt der Abschreckung durch die Strafe neben ihrem Sühnecharakter anlangt, so konnte nicht völlig übersehen werden, daß die Gefahr einer Erschütterung der Weltordnung durch Terror- oder Diktatursysteme auch heute noch nicht aus der Welt geschafft ist. Es ist gerichtsbekannt, daß diese

Gefahr keineswegs nur vom Osten her droht, sondern daß auch im Herzen der demokratisch regierten Länder Bestrebungen von neuem im Gange sind, die auf Zustände abzielen, die denen von 1933 auf beängstigende Weise ähneln.

Alle diese teils für teils gegen den Angeklagten sprechenden Momente haben das Schwurgericht bewogen, zwar von einer lebenslänglichen Zuchthausstrafe abzusehen, die hiernach festzusetzende zeitliche Zuchthausstrafe jedoch so hoch zu bemessen, daß sie sowohl dem Sühne- wie dem Abschreckungszwecke der Strafe gerecht wird. Eine Zuchthausstrafe von 15 Jahren erschien daher als die angemessene, aber auch ausreichende Sühne dieser Tat.

Die Aberkennung der bürgerlichen Ehrenrechte auf die gleiche Zeitdauer beruht auf Artikel II Ziffer 3 f des Kontrollratsgesetzes Nr. 10; die Zeitdauer dieses Verlustes gemäß § 32 Abs. 2 StGB. auf 10 Jahre zu begrenzen, bestand keine Veranlassung, da das Kontrollratsgesetz Nr. 10 als lex specialis die Frage der Aberkennung der bürgerlichen Ehrenrechte nach der angeführten Bestimmung von sich aus regelt und die Beschränkung auf eine bestimmte Zeit nicht vorgesehen ist.

Die Anrechnung der Untersuchungshaft gemäß § 60 StGB. erschien angemessen, jedoch lediglich in Höhe von 6 Monaten, da der Angeklagte die Länge der Untersuchungshaft dadurch veranlaßt hat, daß er durch sein Bestreiten umfangreiche Ermittlungen und auswärtige Vernehmungen erforderlich machte.

Die Kostenentscheidung folgt aus § 465 StPO.

Aus dem Revisionsantrag des Rechtsanwalts Paul Ronge vom 19. Juli 1951

[...]

III.

<u>Urteilsschelte.</u>

Dem angefochtenen Urteil, das den Angeklagten wegen einer politischen Verfolgung verurteilt, mangelt es an einer Begründung hinsichtlich der politischen Umstände der Gesamttat. Das Urteil setzt sich lediglich an einer Stelle mit der nachträglichen Rechtfertigung der Vorgänge vom 30. 6. 34 auseinander, ohne jedoch auch nur den Versuch zu machen, diese Vorgänge in eine historische Schau zu stellen und in sie hinein das Verhalten des Angeklagten, das nicht so sehr sein eigenes Verhalten ist, als ein Detail der Gesamtvorgänge einzubauen.

Es mag zweifelhaft erscheinen, ob ein Revisionsangriff in dieser Richtung nicht ein Angriff gegen die Tatsachenfeststellungen und als solcher unzulässig ist. Einem solchen Zweifel ist aber nicht beizutreten. Da in jedem Falle die Prüfung des Rechtfertigungsgrundes aus § 59 notwendig war und auch unter anderen Gesichtspunkten erfolgt ist, bedeutet die Unterlassung der hinreichenden Tatsachenfeststellungen deshalb einen Verstoß, weil auf diese Weise dem Urteil jene Unterlage fehlt, auf Grund derer § 59 überhaupt erst nachgeprüft werden kann, und zwar über die sich nur auf ein Detail erstreckende Prüfung hinaus; denn auch die Gesamtlage und die Schlüsse, die der Angeklagte daraus ziehen möchte oder ziehen musste, gehören mit zu den Unterlagen, auf Grund derer sich der Tatbestand der politischen Verfolgung, die Erkenntnis, dass es sich um eine Verfolgung handle, der Irrtum über die politische Verfolgung usw. usw. abzeichnen.

Die Kammer hat, wie gesagt, sich nur mit der nachträglichen Rechtfertigung auseinandergesetzt und dabei die Gesamtumstände des 30. Juni aufzuklären erst gar nicht versucht.

Insoweit ist völlig versäumt worden, die Frage überhaupt, die doch die Kardinalfrage ist, zur Erörterung zu stellen, ob jenseits der Erschießung Klauseners die sogenannte Niederschlagung des Putsches rechtsstaatliche Grundlagen gehabt hat. In diesem Zusammenhang hätte das Urteil nicht an der berühmten Marburger Rede des Vizekanzlers von Papen vorbeigehen dürfen. Diese Rede, die etwa 14 Tage oder 3 Wochen vor dem 30. Juni gehalten worden war, war eine der sensationellsten jener Tage, weil in ihr praktisch der Ruf nach Beendigung der Revolution von – so schien es wenigstens damals – allerprominentester Seite, nämlich dem politischen Stellvertreter Hitlers, ausgesprochen wurde. Es handelt sich um jene Rede, in der die Fortsetzung der Revolution als gefährlich bezeichnet wurde, in der vor Bestrebungen, sie weiterzutragen, gewarnt wurde, und die in die klassische Formulierung mündete, Deutschland dürfe kein Zug ins Blaue werden. Man sehe einmal ganz von der Person des Angeklagten ab, für den nach den Feststellungen des Urteils „sein" Führer derjenige war, für den er alles tat. Die Gesamtbeurteilung jener Tage ging jedenfalls dahin, dass die Frage einer ernstlich notwendigen Niederschlagung radikal-revolutionärer Bestrebungen wesentlich eher bejaht wurde, als die erst nachher aufgetretene Version, dass der 30. Juni lediglich eine Parteireinigung gewesen sei, bei deren Gelegenheit auch andere missliebige Elemente hätten mitbeseitigt werden müssen. Infolgedessen lässt sich nunmehr unter der Gesamtschau des Urteils die Prüfung der Frage nicht mehr vermeiden, ob von der ersten Planung gesehen der 30. Juni nicht wirklich genau das Gegenteil einer Unrechtsmaßnahme war, also der Versuch, gegen diejenigen, die die Revolution weiterzutragen versuchten, den rechtsstaatlichen Gedanken (mag man ihn, wie das Urteil ihn auch nennt, auch nur als äußerlich bezeichnen) durchzusetzen. Würde die mit der Revision erbetene Aufhebung des Urteils und eine Neuerörterung dieser Frage zu dem Ergebnis gelangen, dass die Teilnahme der Bekämpfung des sogenannten Putsches, d. h. also das Stehen auf der Seite Hitler-Himmler-Heydrich gegen Röhm-Ernst u. a. objektiv eine Unterstützung rechtsstaatlicher Bestrebungen gegen den Versuch wäre, das Unrecht weiter zu vertiefen, dann sieht auch die Tat des Angeklagten sofort völlig anders aus, selbst wenn man die Urteilsgründe, dass eine so außergewöhnliche Maßnahme wie die gegenüber Klausener nicht rechtens sein konnte, in Bestand lässt. Da das Urteil diese Prüfung nicht anstellt, kann es auch zu keiner Lösung der Frage kommen, inwieweit vom Vorsatz des Angeklagten her seine Erkenntnismöglichkeit – mag sie zu einer richtigen, mag sie zu einer falschen, irrtümlichen Erkenntnis geführt haben – seinen Vorsatz beeinflusst.

Insoweit steht das Urteil auch der Entscheidung des Obersten Bundesgerichtshofes in der Juristen-Zeitung 1951 Seite 234 nicht ihrem wirklichen Gehalt nach. Diese Entscheidung ist nicht deswegen erheblich, weil in ihr die Erwägung ausgesprochen ist, dass in gewissen Kriegssituationen Gestapobefehle Urteilen gleichgesetzt werden können, sondern sie ist ausdrücklich zu § 59 StGB ergangen und beschäftigt sich mit der auch hier interessierenden Frage, inwieweit nicht unter bestimmten Umständen der Vorsatz durch das Verkennen der Situation ausgeschlossen wird.

Auf dieser Grundlage bauend, gewinnen die Fragen, die vom Urteil auch unter dem Gesichtspunkt der Staatsnotwehr gesehen werden, ein anderes Gewicht. Sicher ist, dass in historischer Schau die nachträgliche Rechtfertigung der Vorgänge des 30. Juni als rechtliches Nullum erscheinen könnten, immerhin aber – und auch damit setzt sich das Urteil nicht auseinander – war das entsprechende Gesetz nicht allein von Hitler unterzeichnet, sondern von dem gesamten Reichskabinett, dem damals u. a. auch noch Frhr. v. Eltz-Rübenach angehörte, der direkte Vorgesetzte des ermordeten Klausener, der also mit seiner Unterschrift die Tat des Angeklagten und deren Veranlasser als angeblich rechtens deckte.

Diese Dinge sind nicht nur unter dem Gesichtspunkt der allgemeinen Frage der Rechtsstaatlichkeit zu würdigen, sondern an ihnen entzündet sich eine neue Fragestellung, nämlich die der Wirkung solcher Gesetze auf die ihm Unterworfenen, und zwar nicht nur unter dem Gesichtspunkt der Wirkung eines Gesetzes vom Zeitpunkt seines Erlasses ab, sondern auch unter dem Gesichtspunkt derjenigen

Gesamtsituation, aus der ein solches Rechtfertigungsgesetz überhaupt möglich und zumutbar erschien.

Infolgedessen vermögen die Erwägungen, die das Urteil zur Frage des Handelns auf Befehl anstellt, nicht zu überzeugen. Der innere Widerspruch des ganzen Verfahrens wird doch darin offenbar, dass schon von der Anklageseite her die Exekutionen an Ernst und Villain nicht als Verbrechen gegen die Menschlichkeit angeklagt worden sind. Zwar ist ein äußerer Unterschied insofern gegeben, als in diesen beiden Fällen der äußere Eindruck einer militärischen Exekution aufrechterhalten worden ist. Eine illegale Tötung eines Menschen wird aber nicht dadurch legal, dass die äußere Form gewahrt wird. Das Urteil selbst scheint auch gar nicht anzunehmen, dass der Angeklagte etwa in den anderen Fällen eine andere Haltung aus der Form des Auftrages hätte ablesen müssen, so dass sich die Umkehrfrage aufdrängt: Wenn eine illegale Tötung nicht durch die Form entschuldbar wird, – warum wird eine Tötung, die materiell die gleiche Grundlage haben mag wie in den anderen Fällen (durch nichts ist bewiesen, dass Ernst usw. auch von jedem ordentlichen Verfahren zum Tode verurteilt worden wären), dadurch herausgehoben, dass im Rahmen allgemeiner, außergewöhnlicher und illegaler Maßnahmen in einem Falle nicht die äußere Form gewahrt geblieben ist.

Das Urteil gibt in diesem Zusammenhang auch Bedenken hinsichtlich der im Grunde genommen als selbstverständlich hingenommenen Feststellung der politischen Verfolgung durch Erschießen. Hier zeigt sich dieser innere Widerspruch erneut. Die Frage ist nicht befriedigend beantwortet, wie der Angeklagte, von dem ausdrücklich festgestellt wird, dass er ein persönliches Interesse an Klausener nicht hatte, ihn nicht einmal kannte, zum Täter einer politischen Verfolgung nur deshalb werden sollte, weil die Form dieser Verfolgung äußerlich nicht rechtsstaatlich war.

Die Frage, die sich bei der Gegenüberstellung Klausener auf der einen und Ernst usw. auf der anderen Seite an sich schon aufdrängt, ob nicht mindestens irrational die Größe des Opfers im Falle Klausener die Einstellung dazu, was unmenschliche politische Verfolgung ist, beeinflusst haben mag, wird hier zum ernstzunehmenden Problem. Die Kammer hätte doch mindestens die Frage beantworten müssen, ob sie zum gleichen Ergebnis gelangt wäre, wenn in der gleichen Begehungsform die Tat nicht an einem, wie hier, zweifellos unschuldigen (vom Angeklagten aber nicht als unschuldig erkannten) Opfer begangen worden wäre, sondern an einem Menschen, dessen Schuld nicht nur in der Person des Angeklagten, sondern auch objektiv feststand. Würde die Kammer – das ist die Frage – zum gleichen Ergebnis gelangt sein, wenn aus Gründen besonderer staatlicher Schwierigkeiten eine an sich notwendige und gerechtfertigte Beseitigung eines Menschen nicht über die Rechtsordnung erfolgte?

Das angefochtene Urteil spricht selbst von der Gefährlichkeit totalitärer Bestrebungen in jüngster Zeit. Bereits in der Hauptverhandlung war von der Verteidigung die Frage zur Erörterung gestellt, ob z. B. bei der Beseitigung eines Atomspions, bei dem im Gerichtsverfahren der von ihm ohnehin angerichtete Schaden durch die größere Publizität in die Potenz erhoben würde, deshalb unmenschlich und ein Akt der Verfolgung sein müsse, weil es in der besonderen Situation unter keinen Umständen vertretbar erscheine, die Form äußerlich zu wahren.

Einschaltend mag an dieser Stelle bemerkt werden, dass der größte Teil dieser Erwägungen auch unter dem Gesichtspunkt hätte geprüft werden müssen, ob der Angeklagte, der zwar die Tat in eigener Verantwortung übernahm, sie überhaupt als eigen wollte, insoweit also die Unterwerfung unter den Befehl nicht zur Prüfung der Frage der Beihilfe statt der Eigentäterschaft hätte nötigen müssen.

Im Rahmen der von der Kammer erörterten Strafausschließungsgründe mag die Anwendung des § 53 geprüft werden. Dass eine persönliche Notwehr nicht vorlag, erkennt die Strafkammer richtig. Die Frage der Staatsnotwehr, als deren Vollstrecker Gildisch erscheinen musste, ist nach dem Vorausgegangenen zu werten. Wie aber die Strafkammer die Frage des Exzesses prüft, hätte sie die Frage der Putativnotwehr zur Erörterung stellen sollen. Das vorher Gesagte ist ohne die Projektion in die Augenblickssituation des Angeklagten unvollständig. Mag man feststellen, dass ein früherer Polizist weiß, dass nicht geschossen werden darf, sondern dass Verhaften und Gerichtsurteil genügen, – die Frage, ob er im entscheidenden Augenblick auch daran glaubte, ist die immer wieder von neuem zu stellende.

Die Feststellungen des angefochtenen Urteils zu § 54 StGB sind fehlsam. Diese Feststellungen gipfeln letzten Endes in der Meinung des Gerichts, dass allenfalls hier ein objektiver Notstand vorgelegen haben könne, dass dieser jedoch unter keinen Umständen § 54 zum Tragen bringe. Dass der Angeklagte sich nicht auf Notstand zu berufen braucht, sondern dass die Frage des Notstands von Amts wegen zu prüfen ist, ist anerkannten Rechts. Es käme also überhaupt nicht darauf an, wie der Angeklagte sich verteidigt, sondern ausschließlich darauf, ob die Lage des Angeklagten die des Notstands war, eines Notstands, den er auf andere Weise nicht beseitigen konnte, als dass er die Tat ausführte.

Folgt man dem Schwurgericht, müsste man meinen, dass ein Angeklagter sich zwar nicht in seiner Verteidigung auf Notstand zu berufen brauche, dass man aber in tatsächlicher Beziehung feststellen müsse, dass ihm im Augenblick der Tat der Notstand soweit bewusst gewesen ist, dass er ihn in der Abwägung der zur Tat drängenden und der von der Tat zurückhaltenden Momente hätte berücksichtigen können und müssen. so ist das Schwurgericht zu verstehen: Auch ein objektiv vorhandener Notstand reicht nicht aus, wenn nicht mindestens in der Person des Angeklagten irgendein inneres Moment erscheint, das diesen Notstand auch subjektiv manifest macht.

Dabei verkennt das Urteil von der prinzipiellen Seite her, dass auch schon der sich subjektiv im Notstand Befindende, bei dem die objektive Notstandssituation eine so erhebliche ist, dass er gar nicht daran denkt, über sie als solche Notstandssituation nachzudenken, „blindlings“ folgt und handelt.

Nun scheint das Schwurgericht durchaus mit dem Gedanken umzugehen, dass jede Weigerung des Angeklagten, den Befehl auszuführen, für ihn die übelsten Folgen hätte haben können. Das dürfte auch der Lebenserfahrung entsprechen, so dass die Eventualerwägung, dass man den Angeklagten vielleicht hätte fragen können oder sollen, wie er sich verhalten haben würde, wenn ihm für den Fall der Weigerung eine Art Spezialamnestie zugesagt worden wäre, überflüssig ist.

Selbstverständlich sind Fälle denkbar, in denen Befehle allergefährlichster Art mit der Erklärung abgegeben werden, dass die Ausführung so gefährlich sei, dass man sie nicht dem blinden Gehorsam, sondern der Freiwilligkeit überlassen wolle. Wenn die Kammer der Meinung gewesen wäre, dass eine solche Erwägung überhaupt angestellt werden kann, dann durfte sie nicht erörtern, dass man danach hätte fragen können, sondern musste diese Frage stellen. Diese Unterlassung stellt das ganze Urteil in Frage, indem eine Eventualität aus anderen Erklärungen des Angeklagten heraus als widerlegt angesehen werden soll.

In diesem Zusammenhang ist es gänzlich fehlsam, die Frage der Glaubwürdigkeit einer Erklärung zu erörtern, die gar nicht abgegeben worden ist, und von der doch kein Mensch sagen kann, ob sie nicht doch, je nachdem wie sie ausgefallen wäre, innerlich so wahrscheinlich und wahrheitsfördernd gewesen wäre, dass sie die Urteilsfindung nachdrücklichst beeinflusst hätte. Dass aber die Kammer diese Erwägungen überhaupt anstellt, zeigt von der anderen Seite die Unsicherheit der Feststellung. Sie kommt praktisch an der Erwägung nicht vorbei, dass der Angeklagte sehr wohl hätte sagen können: „Ich habe zwar nicht daran gedacht, den Befehl zu verweigern, aber wenn ich daran gedacht haben würde, so hätte mir dieser Gedanke nichts genutzt, denn ich hätte ihn mit Rücksicht auf die Folgen einer solchen Weigerung verwerfen müssen." Dabei will es der Verteidigung als gleichgültig erscheinen, aus welchem Grunde auch immer der Angeklagte den Gedanken der Befehlsverweigerung nicht gefasst hat. Wenn man zunächst einmal feststellt, dass die Befehlsverweigerung gefährlich war, dann muss man auch mit einer inneren Situation fertig werden, aus der heraus es zur Befehlsverweigerung nicht kommen konnte, weil – und sei es auch durch längst vorhergehende innere Komponenten – die Fähigkeit zum Nachdenken gegen einen Befehl ausgelöscht ist.

Selbst bei den elementaren Notstandsfällen handelt der Täter normalerweise nicht in Abwägung aller Umstände, sondern instinktiv. Das Gericht wendet an einer anderen Stelle selbst das Wort „gefühlsmäßig" an. Gerade im Notstand begegnet sich das Rechtsproblem der Strafausschließung mit der Grundfrage nach der Willensfreiheit. Kommt man aber erst so weit, dass man gerade unter diesem Gesichtspunkt den Notstand dahin ausdeutet, dass ein Mensch in eine Notsituation geraten kann, die ihm die Freiheit seiner Entschließung raubt, dann ist vom Grundgedanken her die Brücke zwischen objektivem Notstand und subjektiver Empfindung geschlagen.

Dass das Urteil insoweit nicht befriedigen kann, geht aus einer anderen Erwägung hervor:

Würde man den Anforderungen des Urteils folgen, dann würde das bedeuten, dass der ruhig überlegende, bedenkende, alle Eventualitäten abwägende Täter, derjenige, der gewissermaßen den Revolver in der einen, das Strafgesetzbuch in der anderen Hand hat, demjenigen gegenüber bei weitem geschützt sei, der nur aus der Situation heraus, ohne nennenswerte Erwägungen, blindlings oder gefühlsmäßig handelt. § 54 wäre dann eine Schutzbestimmung für den Klugen, eine Belastung für den Dummen.

Zur Frage des übergesetzlichen Notstandes, den das Schwurgericht in diesem Zusammenhang noch einmal erörtert, kann auf das Vorherausgeführte verwiesen werden.

Schließlich ist das Urteil fehlsam hinsichtlich der auf Seite 18 im Strafmaß niedergelegten Verwertung des nachträglichen Befehls von Heydrich, einen Selbstmord vorzutäuschen. Es widerspricht sich, wenn bei der Schuldfeststellung des Angeklagten in den Tatsachenfeststellungen bereits die Erkenntnis festgestellt wird, er habe einen gesetzwidrigen Befehl entgegengenommen und ausgeführt, während in den Strafzumessungsgründen die Erwägung angestellt wird, dass eine besondere Ausgestaltung des Befehls ihn deshalb belasten müsse, weil ihm dann „von Anfang an" klar geworden sein müsste, dass die Gründe zur Ermordung äußerst fadenscheinig waren. Das ist ein Widerspruch im Rahmen des Urteils. Diese Strafmaßerwägung kann nicht zur Erläuterung der Schuldfeststellung herangezogen werden, sondern setzt deren Gründe in Zweifel. Wenn man die Schuld des Angeklagten aus dieser Erkenntnis feststellt, gibt es keine Abwägung mehr über „von Anfang an". Man kann sogar noch einen Schritt weiter gehen: Wenn man die Erwägung anstellt, dass eine Anweisung, Selbstmord vorzutäuschen, dem Angeklagten von Anfang an das Verbrecherische hätte klarmachen müssen, – warum wird dann nicht die Gegenerwägung angestellt, dass das volle Bewusstsein des Verbrecherischen ihm erst hätte zu kommen brauchen, als er nach vollbrachter Tat die Anweisung zur Vortäuschung des Selbstmordes erhielt!

Zu den Strafzumessungsgründen.
Das Urteil versucht zwar, eine Abwägung zwischen Persönlichkeitswert und Strafmaß zu treffen.

Unter II. sind bereits die Bedenken dargetan, die aus der Nichterörterung der Ehrlosigkeit der Tat herrühren. Diese Bedenken verdichten sich dahin, dass das Strafmaß insgesamt nicht ausreichend begründet ist. Es ist selbstverständlich, dass es im Rahmen der politischen Verfolgung in unmenschlicher Weise den privilegierten Gesinnungstäter nicht geben kann. Andererseits ist aber politische Verfolgung in sich stets dann Gesinnungstäterschaft, wenn es sich um einen Täter handelt, für den die Politik nicht Vorwand, sondern innere Ursache ist. Dann bleibt aber auch nichts anderes übrig, als zu den Strafzumessungsgründen auch das Maß der Ehrlosigkeit zu prüfen und erst danach das Strafmaß zu finden.

IV.

Die allgemeine Sachrüge der Revisionsschrift vom 24. Mai 1951 sowie die gestellten Anträge werden aufrechterhalten.

Soweit in Vorstehendem Ausführungen zum materiellen Inhalt des Urteils gemacht worden sind, wird ausdrücklich erklärt, dass diese nicht als Beschränkung der Revision auf diese Gründe vorgetragen werden, sondern als Anregung an das Revisionsgericht, auch diese Gründe im Rahmen der allgemeinen Sachrüge zu prüfen.

Urteil des Schwurgerichts bei dem Landgericht Berlin vom 18. Mai 1953

Im Namen des Volkes!

Strafsache

gegen den berufslosen Kurt Werner Rudolf G i l d i s c h,
geboren am 2. März 1904 in Potrempschen / Ostpreußen,
wohnhaft in Berlin-Schmargendorf, Salzbrunner Strasse 25, –
z. Zt. in dieser Sache seit dem 28. August 1950 in
Untersuchungshaft im Untersuchungsgefängnis Alt-Moabit 12a,
Gef.-Buch-Nr.: 2287.50 –,

wegen Verbrechens gegen die Menschlichkeit.

\------

Das Schwurgericht bei dem Landgericht Berlin hat in der Sitzung vom 18. Mai 1953, an der teilgenommen haben:

Landgerichtsdirektor Dr. S i m o n
als Vorsitzender,
Landgerichtsrat M i c h n a,
beauftragter Richter Dr. H e i n s e n
als beisitzende Richter,
kaufm. Angestellte Hildegard G o l d b e r g,
Buchhalter Erich G r o s e n i c k,
Hausfrau Charlotte H e y n,
Heimleiter Erich G ä r t n e r,
Buchhalter Wilhelm G a s e,

Stenotypistin Frieda H a n s p a c h
als Geschworene,
Oberstaatsanwalt C a n t o r
als Beamter der Staatsanwaltschaft,
Justizsekretär S t r e h l e r
als Urkundsbeamter der Geschäftsstelle

für Recht erkannt:

Der Angeklagte wird wegen Mordes (§ 211 StGB alter und neuer Fassung) zu einer Zuchthausstrafe von fünfzehn Jahren verurteilt. Die bürgerlichen Ehrenrechte werden dem Angeklagten auf die Dauer von zehn Jahren aberkannt.
Die erlittene Untersuchungshaft wird dem Angeklagten auf die erkannte Strafe angerechnet. Die Kosten des Verfahrens einschliesslich derjenigen der Revisionsinstanz fallen dem Angeklagten zur Last.

Gründe:

I. Das bisherige Verfahren.

Der Angeklagte ist durch Urteil des Schwurgerichts beim Landgericht Berlin vom 24. Mai 1951 unter der Feststellung, daß er am 30. Juni 1934 auf Befehl des damaligen Chefs der Geheimen Staatspolizei, Heydrich, den Ministerialdirektor Dr. Klausener erschossen hat, wegen Verbrechens gegen die Menschlichkeit zu einer Zuchthausstrafe von 15 Jahren verurteilt worden. Die bürgerlichen Ehrenrechte sind ihm auf die Dauer von 15 Jahren aberkannt worden. Gegen dieses Urteil hat der Angeklagte in vollem Umfange Revision eingelegt. Die Staatsanwaltschaft hat zu Gunsten des Angeklagten das Urteil insoweit angefochten, als ihm entgegen der Vorschrift des § 32 Abs. II StGB die bürgerlichen Ehrenrechte für mehr als 10 Jahre aberkannt worden sind. Auf die Revisionen des Angeklagten und der Staatsanwaltschaft hat der Fünfte Strafsenat des Bundesgerichtshofs durch Urteil vom 5. Februar 1955 – 5 StR 261.52 – das Urteil des Schwurgerichts nebst den zugrunde liegenden Feststellungen aufgehoben und die Sache zur neuen Verhandlung und Entscheidung an das Schwurgericht zurückverwiesen, und zwar mit folgender Begründung: Die auf das Kontrollratsgesetz Nr. 10 gestützte Verurteilung könne nicht bestehen bleiben, weil den deutschen Gerichten insoweit die Gerichtsbarkeit nicht mehr zustände. Die britische Militärregierung habe die allgemeine Ermächtigung zur Anwendung des Kontrollratsgesetzes Nr. 10 durch ihre Anordnung Nr. 205 vom 21. Juni 1952 mit Wirkung vom 15. Juli 1952 aufgehoben. Das Schwurgericht werde deshalb das Verhalten des Angeklagten nach deutschem Strafrecht zu beurteilen haben, und zwar in erster Linie nach den §§ 211, 212 StGB. Eine Verurteilung nach § 211 StGB werde mit Rücksicht auf § 2a II StGB die Erfüllung sowohl nach der alten, als auch nach der neuen Fassung voraussetzen.

Die erneute Hauptverhandlung hat folgenden Sachverhalt ergeben:

II. Der Werdegang des Angeklagten.

Der Angeklagte ist als viertes Kind des Lehrers Paul G i l d i s c h und dessen Ehefrau Marie geb. Riel am 2. März 1904 in Potrempschen / Ostpreussen geboren. Vom 6. bis zum 14. Lebensjahr besuchte er in seinem Heimatort die Volksschule. Im Anschluß daran kam er in das Lehrerseminar Kaalene, Kreis Insterburg, und verblieb dort bis 1922, um sich auf den Lehrerberuf vorzubereiten. Nach im Jahre 1924 bestandener Prüfung fand er jedoch infolge der damaligen ungünstigen Anstellungsverhältnisse keine Möglichkeit, den Lehrerberuf auszuüben. Er erwarb sich deshalb um Einstellung in die Schutzpolizei in Insterburg und wurde im Januar 1925 zur Polizeischule nach Sensburg einberufen. Nachdem er im September 1925 die Polizeischule mit der

Qualifikation zur beschleunigten Beförderung zum Polizei-Offizier absolviert hatte, wurde er am 1. Oktober 1925 nach Berlin versetzt, wo er in verschiedenen Revieren der Polizei-Inspektion „Linden“ seinen Dienst als Polizeiwachtmeister versah. Er war Mitglied des Beamtenausschusses, der politisch neutral eingestellt war. Der Angeklagte war damals schon der Ansicht, daß nur eine sog. „starke Hand“ einen politischen Umschwung in Deutschland der Weimarer Zeit bringen könnte. Im März 1931 wurde er wegen nationalsozialistischer Umtriebe aus der Polizei fristlos entlassen. Er trat zunächst der SA bei und wurde am 1. April 1931 Mitglied der NSDAP mit der Mitgliedsnummer 90762. Er lebte zu dieser Zeit von Gelegenheitsarbeiten bezw. von Arbeitslosenunterstützung. Im Sommer 1931 ließ er sich auf eigenen Wunsch von der SA in die SS überweisen, die damals in Berlin von dem späteren SS-Obergruppenführer Daluege aufgebaut wurde. In der SS erhielt der Angeklagte die Mitgliedsnummer 13138.

Im Frühjahr 1932 gehörte der Angeklagte zu dem sogenannten „Beschattungsdienst“, der im Hotel „Kaiserhof“ zur Sicherheit Hitlers eingerichtet war. Bald darauf wurde er durch Fürsprache von Daluege beim Begleitkommando „Adolf Hitler“ eingestellt. Dort versah er seinen Dienst zunächst in Zivil, und zwar bis Juli 1932, von diesem Zeitpunkt an in Uniform der SS unter der Leitung eines gewissen Gelzenleuchter. Nach der Machtergreifung durch Adolf Hitler wurde er sogar mit der Führung des Begleitkommandos beauftragt. Er wurde sehr schnell befördert und war am 9. November 1933 bereits SS-Hauptsturmführer.

In der Zeit vor der nationalsozialistischen Machtergreifung wurde der Angeklagte zwei Mal bestraft, und zwar durch Urteil des Amtsgerichtes Berlin-Mitte – 133 C. 299.31 – vom 12. Juni 1931 wegen öffentlicher Beleidigung mit 50.– RM Geldstrafe, hilfsweise 10 Tagen Gefängnis und am 13. April 1932 vom Amtsgericht München – StA. München I – XVI 173/32 – wegen Widerstandes mit 30.– RM Geldstrafe, hilfsweise 6 Tagen Gefängnis. Beide Straftaten hatten einen politischen Hintergrund aus der sog. nationalsozialistischen Kampfzeit.

Am 10. Juni 1934 wurde der Angeklagte vom Begleitkommando zur Infanterieausbildung bei der Leibstandarte „Adolf Hitler" abkommandiert, die in Berlin-Lichterfelde stationiert war. Er versah dort den Dienst als einfacher SS-Mann, bekleidete aber weiterhin den Rang eines SS-Hauptsturmführers. Am 30. Juni 1934, am Tage der sog. Röhm-Revolte, beging er die hier abzuurteilende Tat an dem Ministerialdirektor Dr. Klausener. Der Angeklagte, der erst am 9. November 1933 zum SS-Hauptsturmführer ernannt worden war, wurde bereits am 4. Juli 1934, also wenige Tage nach dem 30. Juni 1934, zum SS-Sturmbannführer befördert. Offenbar erfolgte diese Beförderung des Angeklagten wegen seiner „Verdienste" bei der Niederschlagung der Röhm-Revolte. Nach Abschluß des Lehrganges bei der Leibstandarte wurde er nach Dresden als Adjutant des SS-Abschnittes II versetzt, wo er bis Oktober 1934 verblieb. Danach wurde er Führer eines Sturmbannes der 48. SS-Standarte in Leipzig. Wegen öffentlicher Beleidigung des damaligen Leipziger Polizeipräsidenten Knofe, die in Volltrunkenheit erfolgte, wurde der Angeklagte durch Urteil des Landgerichts Leipzig – (38) 11 KMs. 47/36 – vom 2. Dezember 1936 wegen Vergehens nach § 330 StGB zu 5 Monaten Gefängnis verurteilt. Infolge dieser Verurteilung wurde er zum SS-Mann degradiert, schliesslich aus der Schutzstaffel und auch aus der NSDAP ausgeschlossen. Der Angeklagte kam danach erneut nach Berlin.

Nachdem er die erwähnte Strafe in Moabit bis August 1937 verbüßt hatte, fand er zunächst bei der J. G. Farben-Industrie und anschliessend bei der Groß-Einkaufsgenossenschaft in Berlin-Lichterfelde Beschäftigung.

Bei Ausbruch des 2. Weltkrieges stellte sich der Angeklagte am 1. September 1939 sofort freiwillig der SS zum Zwecke seiner Rehabilitierung zur Verfügung und wurde im November 1939 zur Waffen-SS bei der SS-Standarte „Deutschland" nach München als einfacher SS-Mann einberufen. Er wurde dann am 2. Januar 1940 einer Bewährungseinheit überwiesen, die im Mai 1940 an die Westfront nach Frankreich verlegt wurde. Nach Beendigung des Frankreichfeldzuges kam er zu einem

Lehrgang an die SS-Junkerschule in Bad Tölz. Nach Absolvierung des Lehrganges blieb er bis 1942 als Ausbilder an dieser Schule, wurde auf Grund seiner Leistungen zunächst zum SS-Oberscharführer befördert und dann zum SS-Untersturmführer d. Reserve ernannt. Anschliessend kam er als Untersturmführer an die Ostfront, wo er im August 1944 verwundet wurde. Nach Ausheilung dieser Verwundung diente er dann bis Ende des Krieges bei der SS-Division „Nordland".

Am 2. Mai 1945 geriet er bei den Kämpfen um Berlin in russische Gefangenschaft, aus der er im August 1946 entlassen wurde. Nach Rückkehr aus der Gefangenschaft musste er sich das rechte Bein infolge der erlittenen Verwundung amputieren lassen.

Im Jahre 1942 hatte der Angeklagte durch den Reichsführer SS an die Kanzlei des Führers der NSDAP – Hauptamt für Gnadensachen – ein Gnadengesuch um Wiederaufnahme in die Partei gerichtet, das jedoch einstweilen abgelehnt und bis nach Kriegsende zurückgestellt wurde.

In den Jahren vor seiner Verhaftung in vorliegender Sache erhielt der Angeklagte eine Ausbildung als Buchbinder im Sozialwerk der evangelischen Kirche.

Der Angeklagte heiratete am 18. Juli 1949 zum 2. Mal, nachdem seine erste Ehe aus beiderseitigem Verschulden geschieden worden war, Kinder gingen aus beiden Ehen nicht hervor.

Am 28. August 1949 begegnete der Angeklagte seinem früheren Bekannten Otto Frey in Berlin am Bahnhof Friedrichstrasse. Frey erkannte den Angeklagten, mit dem er seit 1926 und auch in der Hitlerzeit wiederholt zusammengekommen war, wieder und erstattete nach Feststellung seiner gegenwärtigen Berliner Anschrift noch am gleichen Tage wegen des nachstehenden Sachverhalts Strafanzeige bei der Polizei.

III. Die Straftat des Angeklagten.

Die Hauptverhandlung führte weiter zu folgenden tatsächlichen Feststellungen:

In den Monaten Mai und Juni 1934 hatte Hitler angeblich erfahren, daß die Oberste SA-Führung, an ihrer Spitze der Stabschef Röhm, gegen ihn und die damalige Reichsregierung eine Revolte plane. Der damalige Vizekanzler von Papen hielt bei der Feier des Universitätsbundes der Universität in Marburg am 18. Juni 1934 eine Rede, in der er u. a. erklärte, daß das Gerede von der zweiten Welle, welche die Revolution vollenden werde, kein Ende nehmen wolle. Wer verantwortungslos mit solchen Gedanken spiele, solle sich nicht verhehlen, daß einer zweiten Welle leicht eine dritte folgen könne. Deutschland dürfe nicht ein Zug ins Blaue werden, von dem niemand wisse, wann er zum Halten komme. Um dieser ihm und der Reichsregierung angeblich drohenden Gefahr zu begegnen, hatte Hitler durch den damaligen preußischen Ministerpräsidenten Göring und durch die Leiter der Geheimen Staatspolizei und des Sicherheitsdienstes Himmler und Heydrich eingehende Vorbereitungen zur Beseitigung maßgeblicher Personen des SA-Führungsstabes getroffen. Aber nicht nur diese, auch eine Reihe aus anderen politischen Kreisen stammender Persönlichkeiten wie z. B. General von Schleicher und seine Frau, General von Bredow, von Bosse, Gregor Strasser und Rechtsanwalt Edgar Jung, der Sekretär des damaligen Vizekanzlers von Papen, wurden am 30. Juni 1934 und am folgenden Tage von den Exekutivkommandos der SS ohne ordentliche Gerichtsverfahren erschossen.

Röhm und ein Teil der SA-Führer wurden durch Hitler persönlich gestellt und aus der SA sowie aus der Partei ausgeschlossen. Im weiteren Verlauf wurden der Stabschef Röhm, die Obergruppenführer München, Schlesien, Brandenburg und die Gruppenführer Sachsen, Pommern, ferner ein Abteilungsleiter der obersten SA-Führung und der Adjutant Röhms erschossen. Während Hitler in München und in dem bei München gelegenen Aufenthaltsort Röhms (Bad Wiessee) persönlich gegen SA-Führer einschritt, schritten Göring und der SS-Gruppenführer Heydrich, der damalige Gestapochef, in Berlin zur Säuberungsaktion.

Zu den den Nazi-Machthabern mißliebigen Persönlichkeiten gehörte auch der Ministerialdirektor im Reichsverkehrsministerium Dr. Erich

Klausener. Dieser war als Leiter der Katholischen Aktion und als aufrechter Katholik den Machthabern des „Dritten Reiches" verhaßt. Zudem hatte Dr. Klausener am 24. Juni 1934, also sechs Tage vor dem 30. Juni 1934 auf dem 32. Katholikentag im Bistum Berlin in Hoppegarten als Leiter der Katholischen Aktion vor 60 000 Gläubigen ein Bekenntnis zum Programm dieser Aktion abgelegt, das zu den totalitären Absichten des nationalsozialistischen Regimes in ausgesprochenem Gegensatz stand. Auf diesem Katholikentag in Hoppegarten befanden sich zahlreiche Spitzel der Gestapo und des Sicherheitsdienstes, die von Himmler und Heydrich dorthin gesandt waren. Auf Grund der erhaltenen Berichte schlugen die Gestapo und der Sicherheitsdienst vor, Dr. Klausener in die „Säuberungsaktion des 30. Juni 1934" einzubeziehen, obwohl er weder mit der Umgebung von Röhm noch mit irgendwelchen anderen Personen, die Opfer des 30. Juni wurden, das geringste zu tun hatte. Ausserdem hatte Dr. Klausener schon früher die Aufmerksamkeit der nationalsozialistischen Machthaber dadurch auf sich gelenkt, daß er als Leiter der Polizeiabteilung im Preußischen Innenministerium bis 1933 einen tiefen Einblick in die innere Parteigeschichte der NSDAP gewonnen hatte. Die angeführten Gründe reichten für Hermann Göring aus, um Dr. Klausener auf die Liste der zu Erschiessenden zu setzen.

Am 29. Juni 1934 befand sich die SS in Berlin in Alarmbereitschaft. Am Vormittag des 30. Juni 1934 erhielt der Gildisch vom Sturmbannführer Wagner, der ein Bataillon der Leibstandarte „Adolf Hitler" in Berlin-Lichterfelde führte, den Auftrag, sich mit 18 SS-Männern bei dem Geheimen Staatspolizeiamt in der Prinz-Albrechtstrasse einzufinden und sich dort bei dem Chef der Gestapo, dem SS-Gruppenführer Heydrich, zu melden. Als der Angeklagte im Geheimen Staatspolizeiamt erschien, traf er im Vorzimmer von Heydrich etwa 8 Personen in SS-Uniform und in Zivil an. Heydrich trat danach aus seinem Dienstzimmer und gab den Erschienenen unter Hinweis auf einen Stapel von Akten kurze Erklärungen dem Sinne nach derart, daß der Stabschef Röhm eine Revolte gegen Hitler plane, in die die gesamte höhere SA-

Führung verwickelt sei. Weiterhin schärfte Heydrich den Erschienenen ein, daß Eile not tue und sie nach Empfang der einzelnen Befehle sofort zu deren Ausführung schreiten müssten. Darauf wurden sie einzeln in das Dienstzimmer von Heydrich hereingerufen, wo dieser ihnen die jeweiligen Befehle bekannt gab, nämlich eine Reihe von Personen, die listenmässig erfaßt waren, festzunehmen und zur Exekution der Gestapo zu überstellen. Der Angeklagte wurde zusammen mit einem ihm dem Namen nach nicht bekannten Zivilbeamten der Geheimen Staatspolizei, der ihm zur Unterstützung mitgegeben war, in das Zimmer von Heydrich gerufen. Dem Gestapobeamten wurde im Beisein des Angeklagten eine Liste mit etwa 16 Namen übergeben mit dem Auftrage, diese auf dem Zettel genannten Personen unter Mitwirkung des Angeklagten und des Kommandos von 18 SS-Männern alsbald festzunehmen und zur Exekution der Gestapo zu überstellen. Die Namen dieser Personen will der Angeklagte nicht gekannt haben, da der Zettel nicht ihm, sondern dem Gestapobeamten ausgehändigt worden war. Danach wandte sich Heydrich alsbald an den Angeklagten persönlich mit den Worten: „Sie übernehmen den Fall Klausener, der von Ihnen persönlich zu erschiessen ist. Sie begeben sich hierzu sofort in das Reichsverkehrsministerium!" Die Frage Heydrichs, ob er Dr. Klausener kennen würde, verneinte er.

Der Angeklagte, ein überzeugter und Hitler blindlings ergebener Nationalsozialist, führte in Begleitung des Gestapobeamten und unter Mitnahme der 18 SS-Männer den Befehl alsbald und mit voller innerer Zustimmung aus. Auf der kurzen Fahrt von der Prinz-Albrechtstrasse zur Wilhelmstrasse, wo sich das Reichsverkehrsministerium befand, stellte der Angeklagte Überlegungen darüber an, in welcher Weise er, um einen gegebenenfalls zu erwartenden Widerstand von seiten Dr. Klauseners zu vermeiden, in einem günstigen Augenblick den tödlichen Schuß auf sein Opfer abgeben könnte. Gegen 13 Uhr traf er am Tatort ein. Das Begleitkommando ließ er unten auf der Strasse warten und begab sich mit dem Gestapobeamten in den 1. Stock des Ministeriums, wo sich Klauseners Dienstzimmer befand. Der Angeklagte war in SS-Uniform mit dem Rangabzeichen eines Hauptsturmführers, trug einen Stahlhelm und am Koppel in einer Ledertasche seine Dienstpistole, Marke „Parabellum“, Kaliber 9 mm. Ausserdem führte er in der rechten Hosentasche seine Privatpistole, Marke „Mauser“, Kaliber 7,65 mm, die geladen war, mit sich. Er wandte sich zunächst an den Zeugen Guder, der damals als Oberamtsgehilfe im Reichsverkehrsministerium Dienst tat, und fragte ihn nach dem Zimmer von Dr. Klausener, den er zu sprechen habe. Auf die Frage des Zeugen, wen er dem Dr. Klausener und in welcher Angelegenheit zu melden habe, entgegnete der Angeklagte kurz, er brauche nicht gemeldet zu werden, er müsse den Ministerialdirektor sprechen. Im gleichen Augenblick öffnete sich die Tür zu dem auf den Flur gehenden Zimmer Dr. Klauseners und dieser trat in Hemdsärmeln heraus, um sich in der Toilette offenbar die Hände zu waschen. Dr. Klausener kehrte aber auf den Anruf des Zeugen Guder, daß der Angeklagte ihn zu sprechen wünsche, mit diesem und dem Gestapobeamten in sein Zimmer zurück.

Hier erklärte der Angeklagte dem Dr. Klausener alsbald, daß er den Befehl habe, ihn im Auftrage der Geheimen Staatspolizei wegen staatsfeindlicher Umtriebe zu verhaften. Der Angeklagte schritt nicht sofort etwa zu einer offenen Erschiessung, die von ihm auch nicht geplant und gewollt war, sondern wartete den Augenblick ab, bis der ahnungslose Dr. Klausener ihm den Rücken zuwandte, um auf diese Weise einmal eine günstige Schußrichtung zu erhalten und zum anderen, um jeglichen Widerstand seines Opfers oder einen Fluchtversuch bezw. Hilferufe von vornherein auszuschalten. Dr. Klausener, dem der Angeklagte vorgespiegelt hatte, er sei lediglich verhaftet, um sein Opfer in Sicherheit zu wiegen, konnte daher des Glaubens sein, daß er zwar vorläufig festgenommen sei, aber zunächst nichts zu befürchten habe, er konnte jedoch keineswegs mit einem plötzlichen Anschlag des Angeklagten auf sein Leben rechnen. Klausener, der am Vormittag sein Gehalt empfangen hatte, bat den Angeklagten, dieses und einige andere persönliche Wertsachen in seinem Schreibtisch aufbewahren zu dürfen. Nachdem er dieses getan hatte, begab er sich an den Kleiderschrank, zog sich sein Jackett an und wandte sich daraufhin an den in der Nähe der Tür stehenden Garderobenständer, um seinen Hut zu ergreifen. Dr. Klausener stand in diesem Augenblick mit dem Rücken zum Angeklagten. Diese Situation, die dem Angeklagten besonders günstig erschien, nutzte er sofort aus, zog schnell aus der rechten Hosentasche seine geladene und bereits entsicherte Privatpistole und feuerte auf Dr. Klausener etwas von der rechten Seite, aber hinter diesem stehend, aus einer Entfernung von ca. 1 ½ m einen Schuß in dessen hintere rechte Schädelseite ab, und zwar derart, daß Klausener weder das Ziehen der Pistole noch das Abfeuern bemerken konnte. Dr. Klausener stürzte sofort tot zu Boden. Der Angeklagte überzeugte sich darauf von der Leblosigkeit seines Opfers und begab sich alsbald an den Dienstapparat Dr. Klauseners, um den Gestapochef Heydrich anzurufen. Er teilte Heydrich auftragsgemäß den Vollzug des Befehls mit. Heydrich gab ihm danach telefonisch die Anweisung, die Tat als einen Selbstmord des Dr. Klausener dadurch zu „tarnen", daß er neben den Arm des Klausener seine Pistole legen solle. Er gab ihm weiterhin den Befehl, Posten vor dem Dienstzimmer des Dr. Klausener aufstellen zu lassen, um jeden Zutritt seitens Dritter dadurch zu verhindern. Der Angeklagte führte auch diese Befehle aus. Er legte seine Privatpistole, die er zur Tat benutzt hatte, neben die rechte Hand des toten Dr. Klausener und täuschte dadurch einen Selbstmord vor.

Der Zeuge Guder, der nach der oben erwähnten Unterredung mit dem Angeklagten sein Dienstzimmer wieder aufgesucht hatte, hatte nach kurzer Zeit – es können etwa ein bis zwei Minuten vergangen sein – den Schuß aus dem Zimmer Dr. Klauseners gehört. Er ging deshalb sogleich zu diesem Zimmer, um der Ursache des Schusses nachzugehen, konnte jedoch nicht hineinkommen. Als der Zeuge nun den Vorfall dem Bürodirektor Schwaner melden wollte und sich erst einige Schritte von dem Zimmer Dr. Klauseners entfernt hatte, öffnete sich die Tür, der Angeklagte sah heraus und rief den Zeugen Guder zurück. Er trug dem Zeugen auf, von der auf der Strasse bereitstehenden Begleitmannschaft eine Wache von 2 SS-Männern heraufzuholen. Dies geschah und es wurde vor dem Zimmer Dr. Klauseners von dem Angeklagten ein bewaffneter Doppelposten aufgestellt. Nachdem der Angeklagte den Posten Anweisungen erteilt und sich nunmehr von dem Gestapobeamten getrennt hatte – es war etwa gegen 1,10 bis 13,15 Uhr –, fuhr er in das Geheime Staatspolizeiamt zu Heydrich zurück. Hier erfuhr er von diesem, daß Dr. Klausener ein „gefährlicher Katholikenführer" gewesen sei und deshalb habe erschossen werden müssen.

Heydrich erteilte dann dem Angeklagten den weiteren Befehl, den in Bremen befindlichen SA-Gruppenführer Ernst zu übernehmen und mit einem Flugzeug nach Berlin zu bringen. Auch diesen Befehl führte der Angeklagte aus. Er flog mit einem Flugzeug sofort nach Bremen, übernahm dort den verhafteten Ernst und brachte ihn noch am gleichen Abend nach Berlin-Lichterfelde in die Kaserne der Leibstandarte, wo dieser im Beisein des Angeklagten, von einem Exekutionskommando der SS alsbald erschossen wurde. Am nächsten Tage, am 1. Juli 1934, brachte der Angeklagte auf weitere Befehle des Heydrich hin auch noch den SA-Oberführer Klein, Adjutant des schlesischen SA-Obergruppenführers Heines, und den SA-Standartenarzt Dr. Villain aus Köpenick, einen Freund des Gruppenführers Ernst, nach Lichterfelde. Diese beiden Personen wurden dort ebenfalls erschossen.

Die Leiche Dr. Klauseners wurde noch in den Abendstunden des 30. Juni 1934, nachdem gegen 17 Uhr der Doppelposten zurückgezogen worden war, auf Grund einer Weisung der Geheimen Staatspolizei von dem Laboranten Bernhard Hempel des Leichenschauhauses abgeholt und in die Hannoverschestrasse eingeliefert, wo sie einige Tage unter Verschluß des Vorstehers, Kriminalsekretärs Ernst, verblieb. Einige Tage später wurde die Leiche ins Krematorium Wilmersdorf gebracht und eingeäschert, ohne daß den Angehörigen Dr. Klauseners die Besichtigung gestattet wurde. Der Totenschein wurde nicht von einem Arzt ausgeschrieben, sondern lediglich von dem Kriminalsekretär Ernst mit einem Stempel versehen und unterschrieben, ohne daß eine Todesursache angegeben war. Die Geheime Staatspolizei ließ dann amtlich die Lüge verbreiten, daß Dr. Klausener sich durch Selbstmord der Verhaftung entzogen habe. Der damalige katholische Bischof von Berlin Dr. Nikolaus Bares und das Bischöfliche Ordinariat traten dieser Lüge sofort entgegen, indem sie durch mehrere Schreiben an Adolf Hitler, Hermann Göring und den Reichsinnenminister Frick und durch Gegenvorstellungen bei diesen Regierungsstellen versuchten, die wahren Hintergründe dieser Bluttat aufzuklären, was jedoch bei der Einstellung der nationalsozialistischen Machthaber zu den christlichen Konfessionen, – obwohl der Kampf zwischen Staat und Partei auf der einen und den christlichen Kirchen auf der anderen Seite 1934 noch nicht die Schärfe wie im Jahre 1937 angenommen hatte – ohne Erfolg blieb.

Einige Tage nach dem 30. Juni 1934 traf der Angeklagte in seinem Stammlokal „Danziger Lachs", das in der Nähe der ehemaligen Reichskanzlei gelegen war, mit seinem Bekannten Otto Frey zusammen. Als dieser ihn wegen der Ermordung Dr. Klauseners zur Rede stellte, gab der Angeklagte mit voller Überzeugung zur Antwort, daß Klausener als „gefährlicher Katholikenführer" ausgemerzt werden musste.

Dieser Sachverhalt beruht auf dem Geständnis des Angeklagten, soweit diesem das Schwurgericht im einzelnen zu folgen vermochte, und auf den glaubhaften Bekundungen der Zeugen Guder und Adolph, die die Richtigkeit ihrer Aussagen unter Berufung auf ihren in der ersten Hauptverhandlung geleisteten Zeugeneid gemäß § 67 StPO versicherten, sowie auf der glaubhaften, eidlichen Aussage des Zeugen Uhlich und der eidlichen Aussage des kommissarisch vernommenen Zeugen Dr. Kempner, die gemäß § 251 (1) Ziffer 3 StPO in der Hauptverhandlung verlesen wurde.

IV. Die Einlassung des Angeklagten und die Beweiswürdigung.

Der Angeklagte, der bis zur ersten Hauptverhandlung die Tat an Dr. Klausener geleugnet hat, gibt den festgestellten Sachverhalt im wesentlichen zu. Über die Beweggründe, die ihn zur Tötung des Dr. Klausener bewogen haben, führt er folgendes aus:

Er sei durch seinen SS-Eid und Treueid auf Adolf Hitler an jeglichen Befehl gebunden gewesen, der ihm von diesem oder von seinen sonstigen direkten Vorgesetzten erteilt worden sei. Er sei der Idee des Nationalsozialismus völlig verfallen und innerlich von ihrer Richtigkeit völlig überzeugt gewesen. Er habe nach den Ausführungen Heydrichs unbedingt annehmen müssen, daß Röhm eine Revolte mit dem Ziele der Beseitigung Adolf Hitlers plane, daß somit ein aussergewöhnlicher Zustand herrsche, der auch aussergewöhnliche Maßnahmen erfordere. Er habe daher als überzeugter Nationalsozialist auch angenommen, daß die von den führenden Nationalsozialisten angeordnete Tötung der Opfer des 30. Juni 1934 notwendig gewesen sei. Er habe geglaubt, daß nur durch die befohlenen Erschiessungen grössere Unruhen in Deutschland und weitere Opfer von Menschenleben hätten vermieden werden können. Es sei nicht seine Aufgabe gewesen, den Gruppenführer Heydrich, seinen Vorgesetzten, nach Einzelheiten des erteilten Befehls zur Erschiessung Dr. Klauseners zu fragen; er habe vielmehr gewissermaßen als Soldat einem solchen Befehl blindlings folgen müssen. Hitler und der Nationalsozialistische Staat seien ihm näher gestanden, als der ihm völlig unbekannte Dr. Klausener. Er habe daher überhaupt nicht mit dem Gedanken gespielt, den Befehl Heydrichs zur Erschiessung Dr. Klauseners nicht auszuführen. Auf der Fahrt von der Prinz-Albrechtstrasse bis zur Wilhelmstrasse ins Reichsverkehrsministerium habe er lediglich Überlegungen darüber angestellt, in welcher Weise er die ihm befohlene Tat ausführen könne. Er sei dabei zu dem Entschluß gekommen, daß er unmöglich vor Dr. Klausener hintreten und ihm erklären könne, er sei beauftragt, ihn zu erschiessen. Ausserdem habe er dem Dr. Klausener es nicht antun können, die letzten Minuten seines Lebens in dem Bewußtsein zu verbringen, daß er sogleich werde sterben müssen. Aus diesem Grunde sei er auf den Ausweg verfallen, dem Dr. Klausener vorzuspiegeln, dieser solle lediglich verhaftet werden.

Demgegenüber ist das Schwurgericht zu der Überzeugung gelangt, daß der Angeklagte dem Dr. Klausener nicht aus Menschlichkeit vorgespiegelt hat, er habe diesen lediglich zu verhaften, sondern daß er diese wahrheitswidrige Angabe in der Absicht gemacht hat, die Ausführung der Tat zu erleichtern. Das Schwurgericht ist davon überzeugt, daß es dem Angeklagten als überzeugten und Hitler blindlings ergebenen Nationalsozialisten gleichgültig gewesen ist, ob ein als gefährlicher Gegner des nationalsozialistischen Regimes angesehener Mensch vor seinem Tode seelische Qualen erleidet. Dem Angeklagten ist es vielmehr darauf angekommen, seine Tat ohne viel Aufsehen und ohne dem Opfer Gelegenheit zum Widerstand zu geben, auszuführen. Um dieses Ziel zu erreichen, war es für den Angeklagten das geeignete Mittel, den Dr. Klausener in den Glauben zu wiegen, er werde verhaftet, habe aber zunächst nichts zu befürchten. Der Angeklagte hat die durch die Arglosigkeit des Dr. Klausener eingetretene und von ihm bewußt angelegte Situation sodann planmässig ausgenutzt, um sein nichtsahnendes Opfer in einem Augenblick zu töten, indem dieses wegen seiner Arglosigkeit irgendeinen Widerstand, sei es auch nur durch lautes Hilferufen oder Abwehrbewegungen, nicht leisten konnte. Das Schwurgericht ist der Ansicht, daß eine andere als die vorstehende Beurteilung des Verhaltens des Angeklagten dessen Persönlichkeit, wie sie sich auf Grund seines gesamten Verhaltens zur damaligen Zeit und auf Grund seines Auftretens in der Hauptverhandlung ergeben hat, nicht gerecht wird.

V. Die rechtliche Würdigung.

Bei der rechtlichen Beurteilung der Handlung des Angeklagten hatte das Schwurgericht, nachdem dieser auf die Veränderung des rechtlichen Gesichtspunktes hingewiesen worden ist, die Frage zu prüfen, ob sich die vom Angeklagten begangene Tötung Dr. Klauseners als Mord nach § 211 StGB oder als Totschlag nach § 212 StGB darstellt. Hierbei war zu beachten, daß bei einer Verurteilung nach § 211 StGB mit Rücksicht auf § 2 a Abs. II StGB die Tatbestandsmerkmale sowohl nach der alten, als auch nach der neuen Fassung erfüllt sein müssen, d. h. als Mord kann die am 30. Juni 1934 begangene Tötung Dr. Klauseners nur bestraft werden, wenn sowohl Überlegung als auch eines der Mordelemente des § 211 n. F. dem Angeklagten nachgewiesen werden. Zur Zeit der Tat, 30. Juni 1934, galt noch die alte Fassung des § 211 StGB. Grundsätzlich bestimmt sich nach § 2 a StGB die Strafbarkeit einer Tat und die Strafe nach dem Recht, das zur Zeit der Tat gilt. Gilt aber zur Zeit der Entscheidung ein milderes Gesetz, als zur Zeit der Tat, so kann nach Abs. 2 der genannten Bestimmung das mildere Gesetz angewendet werden. Abzustellen ist die Vergleichung der alten und der neuen Vorschrift auf die Strafdrohung für den konkreten Fall unter Berücksichtigung aller seiner Besonderheiten. Hier ist aber die Entscheidung der Frage, welches Gesetz, ob § 211 StGB a. F. oder n. F. für den vorliegenden Tatbestand die mildeste Beurteilung zuläßt, ohne Bedeutung, da beide Fassungen mit Rücksicht auf Art. 102 GG, wonach die Todesstrafe abgeschafft ist, nur noch lebenslanges Zuchthaus kennen.

Nach dem festgestellten Sachverhalt hat der Angeklagte vorsätzlich, d. h. mit Wissen und Wollen, einen Menschen getötet und bei Ausführung der Tat mit Überlegung gehandelt. Mit Überlegung handelt nach RGSt 42, 262, wer bei der Ausführung in genügend klarer Erwägung über den zur Erreichung seines Zweckes gewollten Erfolg der Tötung, über die zum Handeln drängenden und von diesem abhaltenden Beweggründe, sowie über die zur Herbeiführung des gewollten Erfolges erforderliche Tätigkeit handelt. Der Angeklagte hat erwogen, daß er die Tötung Dr. Klauseners ausführen wollte, und genaue Überlegungen darüber angestellt, wie er den gefaßten Entschluß in die Tat umsetzen wollte. Auch war er im Augenblick der Tat Herr seiner Entschlüsse. Daß er etwa bei Ausführung der Tat aus einer Erregung heraus gefühlsmässig handelte und von dieser Erregung übermannt wurde, davon kann nach den getroffenen Feststellungen keine Rede sein. Der Angeklagte ist vielmehr in voller Besonnenheit und mit bedachtem Wollen zur Ausführung der Tat geschritten, so daß eine überlegte Tötung im Sinne des § 211 StGB n. F. vorliegt. Planmässig hat er schliesslich zu Ende geführt, was ihm erforderlich erschien, und er sorgte nach dem ihm von Heydrich telefonisch erteilten Befehl sogleich dafür, daß die

Tat nach aussen als ein Selbstmord Dr. Klauseners „getarnt" und damit vertuscht wurde.

Das Schwurgericht hat auch die Frage, ob der Tatbestand des § 211 StGB n. F. erfüllt ist, bejaht, weil der Angeklagte auf Grund des festgestellten Sachverhalts den Dr. Klausener heimtückisch getötet hat. Das Wesen der heimtückischen Tötung besteht in der heimlichen, tückischen, berechtigten Vertrauen täuschenden und ausnutzenden Tötung des infolge seiner Arglosigkeit auch verteidigungslosen Opfers (OLG Oldenburg JBl. Oldenb. 1947 S. 51; OLG Kiel Schl. HA 1949 S. 43). Hierzu ist nicht erforderlich, daß der Täter seiner Persönlichkeit nach, d. h. in seinem sonstigen Verhalten, heimtückisch sei, sondern nur, daß die konkrete Tat heimtückisch ausgeführt worden ist. Heimtückisch ist mehr als nur hinterlistiges Handeln. Nach RGSt 77, 44; OGH St 1, 166; 2, 233 handelt heimtückisch, wer das Vertrauen, die Arg- und Wehrlosigkeit seines Opfers ausnützt, insbesondere wenn er es vorher durch sein Verhalten arglos gemacht oder in seiner Arglosigkeit bestärkt hat. Nach den getroffenen Feststellungen hat der Angeklagte dem Dr. Klausener vorgespiegelt, er habe diesen lediglich zu verhaften. Für ihn ist hierbei der Gedanke bestimmend gewesen, sein Opfer in dem Glauben zu wiegen, er sei verhaftet, habe aber zunächst nichts zu befürchten. Der Angeklagte hat somit Dr. Klausener in Arglosigkeit gewiegt. Dieser konnte auf Grund der abgegebenen Erklärung des Angeklagten annehmen, er werde abgeführt und der Gestapo überstellt, er konnte jedoch mit einer plötzlichen Gewalttat, mit einem Anschlag auf sein Leben, nicht rechnen. Der Angeklagte hat also den arglosen Dr. Klausener in eine Situation versetzt, in der dieser wehrlos seinem Anschlag ausgesetzt war. Diese durch die Arglosigkeit des Dr. Klausener eingetretene und vom Angeklagten bewußt angelegte Situation hat er sodann planmässig ausgenutzt, um sein nichtsahnendes Opfer in einem Augenblick zu töten, in dem dieses wegen seiner Arglosigkeit irgendeinen Widerstand nicht leisten konnte. Der Angeklagte hat beim Ziehen der Waffe jegliches Geräusch vermieden; er hat zur Abgabe des tödlichen Schusses nicht etwa seine große Dienstpistole (Parabellum, Kaliber 9 mm) aus dem Lederfutteral gezogen, was erfahrungsgemäß einige Sekunden Zeit in Anspruch genommen und auch ein Geräusch verursacht hätte, sondern seine kleinere Privatpistole (Mauser, Kaliber 7,65 mm), die er griffbereit in der rechten Hosentasche mit sich führte. Eine besondere List und Verschlagenheit des Angeklagten geben der Tat das Gepräge, womit nicht als festgestellt zu erachten ist, daß er aus einer heimtückischen Charakterveranlagung gehandelt hat. Der Angeklagte hat mithin Dr. Klausener heimtückisch getötet, denn auch die Ausnutzung einer vom Täter heimtückisch angelegten Situation fällt unter den Begriff der Heimtücke (siehe OGH in HESt 2. Bd. S. 276, BGH Bd. 2 S. 251).

Dagegen meint die Verteidigung, Dr. Klausener wäre befehlsmäßig auf jeden Fall erschossen worden und dem bewaffneten Angeklagten und Gestapobeamten gegenüber wehrlos gewesen; deshalb komme es nicht darauf an, ob die Tat hinterrücks geschah; das habe dem Dr. Klausener nur Qualen ersparen sollen. Klauseners Arg- und Wehrlosigkeit sei vom Angeklagten nicht ausgenutzt worden. Diesen Ausführungen vermag das Schwurgericht nicht beizutreten. Denn damit verkennt die Verteidigung das Wesen der heimtückischen Tötung. Das Gesetz (§ 211 StGB n. F.) stellt die heimtückische Tötung neben die grausame. Nach ihm sind beide gleich verwerflich. Allerdings erspart die heimtückische Tötung eben deshalb, weil sie meist das ahnungslose Opfer trifft, diesem oft diejenigen seelischen Qualen, die die offene Tötung regelmässig mit sich bringt. Das entspricht dem Wesen der heimtückischen Tötung und geschieht regelmässig um der Tat, weniger der Schonung des Opfers willen. Ob der Angeklagte gemeint hat, er hätte sein Ziel an sich auch anders erreichen können, ist somit unerheblich. Nach der Überzeugung des Schwurgerichts hat der Angeklagte den ahnungslosen Dr. Klausener nicht deshalb hinterrücks erschossen, um ihm seelische Qualen zu ersparen, sondern weil er es so geplant und diese Begehungsart selbst gewählt hatte, <u>um die Ausführung der Tat zu erleichtern</u>.

Weil der Angeklagte den Dr. Klausener heimtückisch getötet und bereits dadurch den Tatbestand des § 211 StGB n. F. erfüllt hat, hat das Schwurgericht die Prüfung und Entscheidung der schwierigen Frage, ob die vorliegende aus politischen Gründen erfolgte Tötung als eine solche aus niedrigem Beweggrund anzusehen sei, dahingestellt bleiben lassen.

Der Angeklagte hat durch sein Verhalten auch den inneren Tatbestand des § 211 n. F. erfüllt. Er handelte vorsätzlich, er beging die Tat mit Wissen und Willen und war sich nach der Überzeugung des Schwurgerichts dabei bewußt, gegen das Gesetz zu verstossen. Sein Wissen und Wollen bezog sich auch auf die heimtückische Begehungsart. Denn er handelte im Bewußtsein aller der Umstände, die sein Tun als heimtückisch erscheinen lassen.

Wenn die Verteidigung meint, der Angeklagte habe lediglich Beihilfe zur Tötung Dr. Klauseners geleistet, indem er sich als Werkzeug den Nationalsozialisten, die die Tötung angeordnet hätten, zur Verfügung gestellt habe, so konnte das Schwurgericht dem nicht folgen. Der Angeklagte hat die Tat selbständig ausgeführt und sie als eigene gewollt; er hat somit mit dem Täterwillen (animus auctoris) gehandelt. Es kann daher dahingestellt bleiben, ob rechtlich überhaupt von Beihilfe gesprochen werden kann, wenn der Täter ohne Mitwirkung eines anderen sämtliche Tatbestandsmerkmale eines Verbrechenstatbestandes eigenhändig erfüllt (vgl. RGSt 74, 84). Der Angeklagte war auch nicht der „kleine Mann“, wie die Verteidigung vorgetragen hat. Er war zur Tatzeit SS-Hauptsturmführer und gehörte kurz zuvor noch zum Begleitkommando des Führers. Er hatte sich für die nationalsozialistische Bewegung aktiv hervorgetan. Er handelte daher bei der Tötung Dr. Klauseners keineswegs als blindes Werkzeug, sondern mit eigenem Willen. Wenn die führenden Nationalsozialisten Göring und Heydrich den ihnen politisch mißliebigen Dr. Klausener auf die Liste der Opfer des 30. Juni 1934 gesetzt hatten, so waren diese beiden wohl in moralischer Hinsicht die Täter. In strafrechtlicher Hinsicht waren aber Göring und Heydrich die Anstifter zu der Tötung Dr. Klauseners, während der Angeklagte der Täter ist.

Das Schwurgericht hatte darüber hinaus für die Feststellung der Schuldfrage zu prüfen, inwieweit dem Angeklagten Rechtfertigungs- bezw. Schuldausschliessungsgründe im Sinne der §§ 52 ff. StGB zur

Seite stehen. Es war insbesondere zu prüfen, ob die Voraussetzungen der Notwehr, vor allem der sog. Staatsnotwehr, des Handelns kraft eines blinden Dienstbefehls, des Notstandes oder des im Gesetz nicht geregelten sog. übergesetzlichen Notstandes im vorliegenden Falle vorlagen. Alle diese Fragen waren von Amts wegen zu prüfen, ohne daß es darauf ankommt, ob und inwieweit der Angeklagte sich auf das Vorliegen derartiger Strafausschliessungsgründe beruft. Das Schwurgericht ist aber zu der Überzeugung gelangt, daß keine dieser Voraussetzungen bei dem Angeklagten vorlagen, als er die ihm befohlene Tötung Dr. Klauseners ausführte.

Von Notwehr im Sinne des § 53 StGB kann keine Rede sein, da der Angeklagte sich nicht im Verteidigungszustand gegen einen gegenwärtigen, rechtswidrigen Angriff des Dr. Klausener auf sich oder einen anderen befand. Dies hat der Angeklagte selbst nicht behauptet.

Insoweit mit dem angeblichen staatsfeindlichen Verhalten und der angeblichen Beteiligung an dem von Röhm geplanten Putsch seitens des Dr. Klausener ein Angriff auf die in der Person Adolf Hitlers verkörperte Staatsordnung geplant sein könnte, handelt es sich um den Fall der sog. Staatsnotwehr. Diese wird im Schrifttum grundsätzlich für zulässig angesehen (vgl. Schönke, 5. Auflage Anm. III zu § 53, v. Bar III S. 194, Frank Anm. I, v. Hippel II S. 205, v. Liszt-Schmidt S. 197 Anm. 10). Die Auffassungen über die Grenzen dieser Notwehr gehen aber auseinander. Aber auch diese Staatsnotwehr, die nur ein Sonderfall der allgemeinen Notwehr ist, setzt voraus, daß die zum Schutze des Staates unternommene Handlung sich als eine erforderliche Verteidigung i. S. des § 53 Abs. II StGB darstellt. Auch bei der Staatsnotwehr ist nicht schlechthin alles erlaubt, was zum Schutze der wirklichen oder vermeintlichen öffentlichen Interessen unternommen wird, sondern nur dasjenige, was sich im Rahmen des hierfür Erforderlichen hält. Dem Angeklagten war aber nicht nur auf Grund seiner allgemeinen Bildung und seiner Intelligenz, sondern auch als ehemaligem Polizeibeamten – er hatte in der Zeit der Weimarer Republik 6 Jahre in der Polizei Dienst getan und in dieser eine eingehende Ausbildung und Unterrichtung erhalten – genauestens bekannt und bewußt, daß zur Unschädlichmachung des Dr. Klausener seine sofortige und ohne Durchführung eines ordentlichen Strafverfahrens und damit ohne gerichtliches Urteil vollzogene Tötung nicht erforderlich war, daß hierfür vielmehr zunächst seine Verhaftung und Überstellung an die Gestapo vollauf genügte. Entgegen der Ansicht der Verteidigung, daß die Rechtswidrigkeit der Tat deshalb entfalle, weil durch das Gesetz über Maßnahmen der Staatsnotwehr vom 3. Juli 1934 (RGBl. 1934 S. 529) die Erschiessungen im Zusammenhang mit der Röhm-Revolte nachträglich legalisiert seien, ist das Schwurgericht der Ansicht, daß dieses Gesetz für die Rechtlichkeit der Tat unerheblich ist. Dieses Gesetz ist selbst rechtswidrig, da es im Widerspruch zu jeglichen rechtsstaatlichen Prinzipien steht.

Auch Notwehrexzeß (§ 53 Abs. III StGB) liegt nicht vor, da der Angeklagte weder nach den getroffenen Feststellungen noch nach seiner eigenen Einlassung über die Grenzen der zulässigen Verteidigung infolge Bestürzung, Furcht oder Schrecken hinausgegangen ist.

Er stützt sich deshalb in erster Linie auf Handeln kraft eines bindenden Dienstbefehls. Er habe auf Befehl gehandelt und sei als SS-Mann verpflichtet gewesen, entsprechend seiner Eide dem Befehl des Gruppenführers Heydrich, seines Vorgesetzten, zu gehorchen. Für ihn habe es gegenüber Heydrich keinen Widerspruch und keine Prüfung des Befehls auf Rechtmässigkeit gegeben. Im übrigen habe er den Befehl als rechtmässig angesehen und ihn mit innerer Überzeugung und Zustimmung als bindend befolgt. Das Schwurgericht verkennt hierbei nicht, daß der Angeklagte sich in einer gewissen schwierigen Situation befand. Er hatte sich aber der SS, einer Organisation, die blinden Gehorsam verlangte, aus freien Stücken verpflichtet. Er musste daher auch die Gefahr auf sich nehmen, daß er einmal in eine derartige schwierige Situation geriet. Wer sich freiwillig fremdem Willen unterwirft, bleibt strafrechtlich verantwortlich. Daß der Angeklagte nur auf Befehl handelte, entschuldigt ihn keineswegs. Denn bei der befohlenen Tötung handelte es sich um einen Rechtsbruch schwerster Art, um eine Gewalttat, die den Stempel des Unrechts offen an sich trug. Die Rechtsordnungen aller zivilisierten Völker sind sich darin einig, daß solchen Handlungen nicht dadurch das Merkmal der Rechtswidrigkeit genommen wird, daß die Staatsführung selbst ihre Begehung befiehlt. Denn sie erkennen an, daß einem solchen Befehl jede verbindliche Kraft abgeht. Dieser Rechtsgedanke kommt im deutschen Recht in § 47 Mil. StGB und in § 7 Beamt.Ges. deutlich zum Ausdruck (vgl. OGH in NJW 1949 S. 433). Dem Angeklagten war bekannt und bewußt, daß er nicht töten durfte. Er hat die Rechtswidrigkeit der befohlenen Tötung erkannt, den Befehl Heydrichs als bindend aber befolgt. Er wußte, daß ein Befehl, den er blindlings ausführte, ihn von seiner strafrechtlichen Verantwortung nicht befreien könne. Das Strafrecht kennt auch keinen Entschuldigungsgrund des blinden Gehorsams und kann ihn nicht anerkennen, weil es damit die Grundlagen der Verantwortlichkeit des Menschen als Person aufgeben würde. Im übrigen hat der Angeklagte nach seiner eigenen Einlassung keine Überlegungen in dieser Hinsicht angestellt, er war vielmehr als SS-Mann und überzeugter Nationalsozialist fest entschlossen, jeden Befehl seines Vorgesetzten blindlings auszuführen. Er hatte nie geschwankt und war weder vor noch nach der Tat in irgendwelche Gewissenskonflikte geraten (s. BGH Bd. 2, Seite 251).

Die Tatsache, daß der Angeklagte auf Befehl gehandelt hat, könnte insofern von Bedeutung sein, als ihm aus diesem Grunde der Schutz des § 52 StGB (Nötigungsstand) zur Seite stehen könnte. Zwar hat sich der Angeklagte darauf berufen, daß er den Befehl nicht hätte verweigern dürfen, ohne sich den Zorn seiner Vorgesetzten zuzuziehen und sein eigenes Leben zu gefährden. Der Angeklagte hat aber auch selbst nicht behauptet, daß er die ihm befohlene Tat deshalb ausgeführt hat, weil er lediglich für seine eigene Person Unannehmlichkeiten aus dem Wege gehen wollte. Die Tat ist dem Angeklagten nicht etwa durch Drohung mit gegenwärtiger Gefahr für Leib und Leben abgenötigt und sein eigener Wille durch eine solche Drohung gebeugt worden. Es ist nicht der Sinn des § 52 StGB, daß sich alle diejenigen, die unter der Herrschaft des Nationalsozialismus bereitwillig dem Verbrechen und dem Terror gedient haben, der Verantwortung durch den bloßen Hinweis sollen entziehen können, sie hätten für Leib oder Leben fürchten müssen, wenn sie ihre Mitwirkung bei verbrecherischen Handlungen versagt hätten (BGH in NJW 1953 S. 112). Das Handeln des Angeklagten ist aus diesem Grunde nicht gemäß § 52 StGB rechtlich entschuldigt.

Aus den gleichen Gründen war auch Notstand i. S. des § 54 StGB zu verneinen.

Auch von einem übergesetzlichen Notstand kann keine Rede sein. Die rechtswidrige Erschiessung des Dr. Klausener war unter keinem Gesichtspunkt erforderlich, um ein auch nur vermeintlich höheres Rechtsgut zu schützen.

Die Voraussetzungen des Ausschlusses der Rechtswidrigkeit, des Nötigungsstandes und Notstandes liegen nicht nur objektiv nicht vor. Das Schwurgericht ist vielmehr davon überzeugt, daß der Angeklagte auch nicht irrtümlich das Vorliegen dieser Voraussetzungen angenommen hat. Der Angeklagte hat die Tat ausgeführt, obwohl er sich bewußt war, daß selbst Hitler und die anderen in Frage kommenden führenden Nationalsozialisten die Tötung von politischen Gegnern nicht hätten befehlen können, ohne gegen das geltende Recht zu verstossen. Dies ergibt sich nach der Überzeugung des Schwurgerichts daraus, daß der Angeklagte auf die Frage, ob er damals etwa geglaubt habe, ein Erschiessungsbefehl Hitlers könne ein Todesurteil eines deutschen Gerichts ersetzen, keine Erklärung abgeben konnte. Das Schwurgericht hat auch auf Grund der sonstigen Einlassung des Angeklagten keinen Zweifel daran, daß dieser sich über die Rechtswidrigkeit der Aktion des 30. Juni 1934 durchaus im klaren war und lediglich aus blindem Gehorsam, den er seinem „Führer“ schuldig zu sein glaubte, über jegliche Skrupel hinweggesetzt hat. Der Angeklagte hat selbst nicht behauptet, er habe seiner Zeit irrtümlich angenommen, die ihm angesonnene Tötung werde ihm abgenötigt oder sei das einzige Mittel, eine Gefährdung seines eigenen Leibes oder Lebens zu vermeiden.

Zusammenfassend ist somit festzustellen, daß dem Angeklagten bei der Feststellung der Schuld keine der strafausschliessenden Gründe der §§ 51 ff StGB zur Seite stehen.

Danach hat sich der Angeklagte des Mordes (§ 211 StGB alter und neuer Fassung) schuldig gemacht und war deshalb zu bestrafen.

VI. Die Strafzumessung.

Die in § 211 StGB angedrohte lebenslängliche Zuchthausstrafe konnte gegen den Angeklagten nicht verhängt werden, da dieser durch das erste schwurgerichtliche Urteil lediglich mit 15 Jahren Zuchthaus bestraft worden ist und nur er und die Staatsanwaltschaft zu seinen Gunsten Revision eingelegt hatten (§ 350 Abs. II StPO). Es musste daher bei der Strafe von 15 Jahren Zuchthaus bleiben.

Die Aberkennung der bürgerlichen Ehrenrechte auf die Dauer von 10 Jahren beruht auf § 32 StGB.

Da der Angeklagte die lange Dauer der bisher erlittenen Untersuchungshaft nicht verschuldet hat, so entsprach es der Billigkeit, ihm die Untersuchungshaft in vollem Umfange auf die erkannte Strafe gemäß § 60 StGB anzurechnen.

Die Kostenentscheidung folgt aus den §§ 465, 473 StPO.

gez: Dr. Siemon Michna Dr. Heinsen

Quellen- und Literaturverzeichnis

Archivquellen

Bundesarchiv Berlin-Lichterfelde (BArch)

Aktei O-407

BDC/SA, Personalakte Martin Kirschbaum, 19. 7. 1888, BArch, R 9361 III/568159

BDC/OPG, Karl Ernst, 1. 9. 1904, BArch R 9361 I/17931

NSDAP-Gau-Karteikarte Oskar Paul Knofe, 14. 5. 1888, BArch, R 9361 IX KARTEI/21331338

NSDAP-Gau-Karteikarte Lothar Wandel, 10. 1. 1902, BArch, R 9361 IX KARTEI/46900256

Landesarchiv Berlin (LAB)

B Rep. 058, Nr. 1493 bis 1500 Strafsache gegen Kurt Gildisch wegen der Ermordung Dr. Erich Klauseners im Zuge des sogenannten Röhm-Putsches

Literatur

Adolph, Walter, Erich Klausener, Berlin 1955.

Diels, Rudolf, Lucifer ante portas … es spricht der erste Chef der Gestapo, Stuttgart 1950.

Evans, Richard J., Das Dritte Reich, Bd. 2: Diktatur, München 2006.

Forschbach, Edmund, Edgar J. Jung. Ein konservativer Revolutionär 30. Juni 1934, Pfullingen 1984.

Gritschneder, Otto, „Der Führer hat Sie zum Tode verurteilt …“. Hitlers „Röhm-Putsch“-Morde vor Gericht, München 1993.

Gruchmann, Lothar, Justiz im Dritten Reich 1933–1940: Anpassung und Unterwerfung in der Ära Gürtner, München 2002.

Grüttner, Michael, Brandstifter und Biedermänner. Deutschland 1933–1939, Stuttgart 2015.

Höhne, Heinz, Mordsache Röhm. Hitlers Durchbruch zur Alleinherrschaft 1933–1934, Hamburg 1984.

Höß, Rudolf, Kommandant in Auschwitz. Autobiographische Aufzeichnung von Rudolf Höß. Herausgegeben von Martin Broszat, Stuttgart 1958.

Hofer, Walther, Die Diktatur Hitlers. Bis zum Beginn des Zweiten Weltkrieges, Konstanz 1960.

Kissenkoetter, Udo: Gregor Straßer und die NSDAP, Stuttgart 1978.

Liang, Hsi-Huey, Die Berliner Polizei in der Weimarer Republik, Berlin/New York 1977.

Longerich, Peter, Die braunen Bataillone. Geschichte der SA, München 1989.

– Heinrich Himmler. Biographie, München 2008.

Mayer-von Götz, Irene, Terror im Zentrum der Macht. Die frühen Konzentrationslager in Berlin 1933/34–1936, Berlin 2008.

Pünder, Werner, Erlebnisbericht über die Ermordung Klauseners am 30. Juni 1934 und ihre Folgen, in: Vierteljahrshefte für Zeitgeschichte 19 (1971), 4, S. 404–431.

Reichardt, Sven, Faschistische Kampfbünde. Gewalt und Gemeinschaft im italienischen Squadrismus und in der deutschen SA, 2. durchgesehene und um ein Nachwort ergänzte Auflage, Köln/Weimar/Wien 2009.

Ronge, Paul, Im Namen der Gerechtigkeit. Erinnerungen eines Strafverteidigers. München 1963.

Sauer, Bernhard, Zur politischen Haltung der Berliner Sicherheitspolizei in der Weimarer Republik, in: Zeitschrift für Geschichtswissenschaft (ZfG) 53 (2005), 1, S. 26–45.

– Goebbels' „Rabauken". Zur Geschichte der SA in Berlin-Brandenburg, in: Berlin in Geschichte und Gegenwart. 25. Jahrbuch des Landesarchivs Berlin, Berlin 2006, S. 107–164.

Schmiechen-Ackermann, Detlef, Nationalsozialismus und Arbeitermilieus. Der nationalsozialistische Angriff auf die proletarischen Wohnquartiere und die Reaktionen in den sozialistischen Vereinen, Bonn 1998.

Schuster, Martin, Die SA in der nationalsozialistischen „Machtergreifung" in Berlin und Brandenburg 1926–1934, phil. Diss., TU Berlin 2005.

Wilhelm, Georg, Die Diktatur und die evangelische Kirche. Totaler Machtanspruch und kirchliche Antwort am Beispiel Leipzig 1933–1958, Göttingen 2004.

Zeitungen

Der Tag, Nr. 115 vom 25. 5. 1951.

Welt am Sonntag, Nr. 21 vom 27. 5. 1951.

Personenregister